Ernst Rienecker
Sabine Werther

... dann fange ich ein neues Leben an

Ernst Rienecker
Sabine Werther

... dann fange ich ein neues Leben an

Geschichte einer Befreiung

Blaukreuz-Verlag Wuppertal
Blaukreuz-Verlag Bern

Ernst Rienecker stammt aus Franken, ist von Beruf Elektriker und war als Kriegsfreiwilliger Funker auf einem U-Boot. Schon früh wurden die Weichen zu seiner späteren Alkoholabhängigkeit gestellt. Sie brachte ihn in Verbindung mit dem Blauen Kreuz. Er war bereits über vierzig Jahre alt, als das Blaue Kreuz in Deutschland ihn zum hauptberuflichen Reisesekretär berief, um die Arbeit der Blaukreuz-Vereine zu begleiten. Er lebt heute im tätigen Ruhestand in seiner Heimat. – Sabine Werther bearbeitete die Lebensgeschichte von Ernst Rienecker zu dem vorliegenden Buch.

CIP-Kurztitelaufnahme der Deutschen Bibliothek

Rienecker, Ernst:
... dann fange ich ein neues Leben an : Geschichte einer
Befreiung / Ernst Rienecker ; Sabine Werther. – Wuppertal :
Blaukreuz-Verl. ; Bern : Blaukreuz-Verl., 1989
ISBN 3-89175-045-5 (Blaukreuz-Verl., Wuppertal) kart.
ISBN 3-85580-249-1 (Blaukreuz-Verl., Bern) kart.
NE: Werther, Sabine [Bearb.]

© Blaukreuz-Verlag Wuppertal
Umschlaggestaltung: Eberhard Platte, Wuppertal
Fotosatz: Blaukreuz-Verlag Wuppertal
Druck und Herstellung: St. Johannis-Druckerei, Lahr

ISBN 3 89175 045 5 Blaukreuz-Verlag Wuppertal
ISBN 3 85580 249 1 Blaukreuz-Verlag Bern

Inhalt

,,Lebensbedrohliche Verengung der linken Herzkranzar-
terie.''

Wie Hagelschlag war diese Diagnose der Fachärzte we-
nige Wochen zuvor auf mich heruntergeprasselt.

Lebensbedrohlich! Konnte das sein? Irrten die Ärzte
sich nicht? Ich war doch noch keine Sechzig!

Lebensbedrohlich – das hieß doch, daß über Nacht
Schluß sein konnte, Schluß mit meinem Leben, abgebro-
chen mein Dienst, Makulatur der sorgfältig für Monate
im voraus geplante Terminkalender!

Lebensbedrohlich – langsam dämmerte mir, daß das
wohl stimmen mußte. Die Ärzte gaben sich alle Mühe, mir
zu helfen. Komplizierte, schmerzhafte Eingriffe mußte ich
über mich ergehen lassen. Eine Katheterdilatation der lin-
ken Herzkranzarterie ... Ein Ausweitungsversuch ...
Aber beides brachte nicht die gewünschten Erfolge. Des-
halb mußte man sich doch zur Operation entschließen, zu
einer großen, risikoreichen Operation am Herzen.

Fragen überfielen mich: Würde ich überleben? Wenn
nicht, was würde dann aus meiner Frau werden und aus
den Menschen, denen ich als Gesprächspartner zur Seite
stand?

Fragen an mich selbst: Wer war ich eigentlich? Was
hatte ich falsch gemacht im Leben, was gut und richtig?
Hatte sich mein Leben gelohnt? Hatte es bleibenden
Wert, bleibenden Wert für mich und andere?

Fragen auch an meinen Gott: Wo bist du, Herr, in aller
meiner Angst, in meiner körperlichen Schwäche, in mei-
nen Schmerzen? Was hast du mit mir vor? Muß ich nun
sterben?

Gott antwortete mir. Er antwortete mit seinem Frieden,
der wie ein Saatkorn in mir zu keimen begann trotz aller
Angst, der wuchs und mich schließlich wieder ganz erfüll-
te: Ich bin geborgen in Gottes guter und verläßlicher

Hand. Getragen von diesem Frieden erwartete ich den Tag der Operation. Und wenige Tage später wußte ich: Ich würde leben! Nicht mit den alten Kräften, sondern beschränkt, eingeengt. Aber ich würde leben. Welch ein Geschenk!

In einer Rehabilitationsklinik versuche ich nun die ersten Schritte in diesem neugeschenkten Leben. Ich lerne, mein Herz und meinen Körper wieder zu belasten. Langsam, ganz langsam gewinne ich neuen Lebensraum.

Wann habe ich je so viel Zeit zum Spazierengehen gehabt? Oft fangen auf meinen Rundgängen meine Gedanken an zu wandern. Ich sinne noch einmal den Fragen nach, die mich in den vergangenen Wochen bedrängten, den Fragen nach dem Wert und dem Inhalt meines Lebens. Wohin wird mein Weg mich führen? Hat sich mein Leben gelohnt? Wer bin ich eigentlich? Erinnerungen an Begebenheiten, die schon viele Jahre zurückliegen, werden wach. Bilder tauchen in mir auf, gewinnen Kontur, helfen mir, Antworten zu finden. Helle und dunkle Bilder aus meinem nun fast sechzigjährigen Leben ...

Kapitel 1:
Ferne Tage

Ich sehe vor mir unser kleines fränkisches Dorf, wo ich geboren wurde, und das für mich als Kind meine Welt war. Meine Eltern waren ehrbare, fleißige Leute in einfachen Verhältnissen. Mit Sparsamkeit und Fleiß hatten sie sich ein kleines Haus errichtet. Dort lebten wir zusammen: Vater und Mutter und ich, ihr geliebter, spätgeborener „Einziger". Mutter war eine energische, selbstbewußte Frau. Sie hatte feste Grundsätze und achtete darauf, daß die in der Familie eingehalten wurden. Das hat mir als Kind bisweilen gar nicht gepaßt. Ich sehe sie noch, wie sie in der Küche stand und – mit dem Kochlöffel in der Hand ihren Worten Nachdruck verleihend – zu mir sagte: „Und du gehst nicht ins Kino. Und du gehst nicht in den Film. Und überhaupt, du hast hier zu folgen!"

Aber wenn Mutter gar nicht mit sich reden lassen wollte, hatte ich ja noch Vater. Er wurde öfter meine Rettung, denn er gab meinen Wünschen und meinem Drängen bisweilen auch dann doch noch nach, wenn Mutter schon ihr kategorisches „Nein" gesprochen hatte.

Vater war ein großer hagerer Mann. Im ersten Weltkrieg hatte er eine schwere Kopfverletzung erlitten. Man konnte das noch erkennen an einer großen Delle oben an seiner Stirn. Wenn wir schlechtes Wetter bekamen, hatte er oft Kopfschmerzen. Und auch sonst ging es ihm oft nicht gut. Er war der Nachgiebigere von meinen Eltern. Ängstlich war er darauf bedacht, nirgends anzuecken, besonders nicht bei „Höhergestellten". Denn wir gehörten zu den sogenannten „geringen" Leuten. Das waren damals in den fränkischen Bauerndörfern die Arbeiter und die kleinen Handwerker und Bauern, die wie wir nur wenig eigenes Ackerland besaßen. Bei den ,,Geringen'' – so verlangte es die Sitte – gab es zum Kaffee nur einfaches Schwarzbrot. Aber manchmal hatte die Mutter doch Weißbrot gebacken. Ich weiß noch, wie wir so einmal beim Kaffee saßen, das frischgebackene Weißbrot auf dem Tisch. Da hörten wir Schritte draußen auf unserer Treppe. Es kam überraschend Besuch. ,,Schnell das Weißbrot weg'', sagte mein Vater, ,,hol Schwarzbrot herbei!'' Er wollte als ,,Geringer'' nicht mit Weißbrot auf dem Tisch erwischt werden!

Zweimal habe ich vom Vater Schläge bekommen. Und das war für mich – eben weil er sonst immer der Nachgiebigere war – eine rechte Katastrophe. Einmal zu Unrecht. Meine Mutter hatte mich mit Einkaufstasche, Zettel und Geld in den Kolonialwarenladen unseres Dorfes geschickt. Als ich zurückkam, stimmte das Wechselgeld nicht.

,,Gib's zu, du hast das Geld vernascht!'' sagten meine Eltern.

,,Ich hab's nicht vernascht!''

,,Wo ist das Geld dann?''

,,Ich weiß es nicht!''

Meine Eltern glaubten mir nicht. Und so bekam ich vom Vater Schläge. Ich hatte das fehlende Geld wirklich nicht vernascht. Meine Mutter fand es schließlich. Es war hinter die Innenlaschen der Einkaufstasche gerutscht. Aber da hatte ich meine Abreibung schon weg.

Und einmal hat Vater mich zu Recht geschlagen. Ich war frech gewesen den Eltern gegenüber. Da stand Vater auf, gab mir ein paar schallende Ohrfeigen und sagte: ,,Und so gehst du nicht mit uns um!''

Die saßen, die Ohrfeigen – und mit ihnen die Erkenntnis, daß ich meine Grenzen überschritten hatte. Fortan paßte ich auf, daß mir das nicht noch einmal passierte.

Wir hatten zu Hause eine kleine Landwirtschaft. Damals wurde die Arbeit auf den Feldern noch größtenteils von Hand verrichtet. Zumal für die kleinen Bauern waren Maschinen unerschwinglich. Als ich noch zu klein war, um mit den Eltern aufs Feld zu gehen, setzte mich Mutter in ein hölzernes Kinderstühlchen, an dem ein kleiner Spieltisch angebracht war, und schnallte mich mit einem Gurt fest. Dann gab sie mir ein bißchen Krimskrams zum Spielen und stellte mich auf den Hof. Da war ich den Nachmittag über bis zum Feierabend mir allein überlassen, und ich spüre noch diese grenzenlose Einsamkeit von damals. Wir wohnten am Ende des Dorfes, und deshalb war kein Geräusch zu hören. Kein Mensch kam vorbei.

An ein Spielzeug von damals erinnere ich mich noch genau. Es war eine Lebkuchenbüchse, in die meine Mutter einige Aluminiummünzen aus der Inflationszeit getan hatte. Sie rasselten so schön in der Dose und spiegelten sich vielfach in der glänzenden Blechwandung. Die ganze Dose schien voller Münzen zu sein. Aber wenn ich sie ausschüttete, dann war es nur ein armseliges Häuflein. Wo waren meine vielen Münzen geblieben? Mißtrauen und Enttäuschung kamen in mir hoch, als ich da verloren auf dem Hof saß und auf mein Münzhäuflein starrte. Einsamkeit und Angst machten sich breit. Sie wurden über Jahrzehnte meine Begleiter, die grauen Schatten meines Lebens.

Noch ein unguter Begleiter späterer Jahre klopfte schon frühzeitig bei mir an: der Alkohol. Bei uns zu Hause gab es, wie überall in der Gegend üblich, zu den Mahlzeiten selbst hergestellten Apfelwein. Natürlich wollte ich auch davon probieren. Aber Vater erlaubte es nicht. ,,Das ist nichts für dich, du bist noch zu klein!'' sagte er. Das stimmte wohl, denn ich ging damals noch nicht einmal zur Schule. Doch ich bat und bettelte weiter: ,,Nur mal kosten!'' Aber Vater blieb fest: ,,Den Apfelwein, den dürfen

Kinder nicht trinken. Davon wird man dumm, und man bekommt 'nen schweren Kopf!''

Konnte das stimmen, daß man dumm davon wurde? Aber Vater trank ja davon und war doch nicht dumm! Also steckte was anderes dahinter! So dachte ich damals. Außerdem reizte mich sein Verbot erst recht, den Wein zu probieren. Und so nahm ich des öfteren heimlich kleine Schlucke aus Vaters Krug. Sauer war das Zeug! Und doch durchströmte mich jedesmal ein erhebendes Gefühl, wenn ich vom Wein gekostet hatte.

Meine Eltern – hätten sie das je erfahren – wären darüber entsetzt gewesen. Sie waren überall bekannt als fleißig und solide, und sie legten großen Wert darauf, in der Dorfgemeinschaft nicht aufzufallen. In einem Punkt jedoch fragten sie nicht nach der Meinung der anderen: Sie hielten sich zum christlichen Glauben – obwohl das im Dritten Reich als politisch unerwünscht galt.

Auch mir wollten sie ihre Überzeugung nahebringen. So schickte mich Mutter in die Kinderstunde der Landeskirchlichen Gemeinschaft. Im Wohnzimmer einer Bauernfamilie versammelte sich dazu die Kinderschar des Dorfes. Dicht gedrängt saßen wir auf der weit ausholenden Eckbank rund um den Eßtisch. Der niedrige Raum mit seinen altfränkischen Möbeln und dem grünen Kachelofen in der Ecke strahlte Gemütlichkeit aus. Ein Prediger von auswärts kam, um uns die Geschichten aus der Bibel zu erzählen. Er war ein dicker Mann, und er hatte immer einen dunklen Anzug an. Was mich am meisten an ihm beeindruckte, war seine Trompete, die vor dem dunklen Anzug so hell funkelte. ,,Gott ist die Liebe'', spielte er, und wir sangen mit: ,,Gott ist die Liebe, läßt mich erlösen, Gott ist die Liebe, er liebt auch mich!'' – Über Jahrzehnte scheinbar vergessen und verdrängt, wurde mir dieses Lied später, in schwerer Zeit, wieder lebendig.

Kapitel 2:
Anfang schlecht ...

Meine Schulzeit begann. Ich sehe mich wieder in dem düsteren Klassenraum unserer Dorfschule, eingezwängt in die enge hölzerne Schulbank. Wehe, wenn man sich rührte! Der Lehrer war streng und hielt auf Zucht. Wo sollte ich da bleiben mit meiner Sehnsucht nach Weite, nach Erlebnis und Abenteuer? Das vertrug sich nicht mit seinen Grundsätzen. In seiner Strenge kam er mir vor wie ein Halbgott, der über mir schwebte, bereit, mich zu strafen, wenn ich etwas falsch machte. ,,Der Lehrer, das ist ein böser Kerl. Da kriegst du Hiebe, wenn du was nicht kannst'', hatten mir ältere Kameraden gesagt. Und so hatte ich Angst vor ihm. Angst, zu versagen, Angst vor den Erwartungen, die an mich herangetragen wurden, Angst davor, irgendwie anzuecken.

Aber ich bekam bald heraus, wie ich am besten mit dieser mißlichen Lage fertigwerden konnte. Nämlich, indem ich möglichst jeder Anforderung und jeder Auseinandersetzung aus dem Wege ging. Ich lernte, mich vor schwierigen Situationen zu drücken oder mich mit allerlei Tricks hindurchzumogeln und dabei doch möglichst immer noch das liebe Kind zu markieren. Schon damals verfestigte sich so in mir ein Verhalten, das später zu meiner Suchterkrankung führte: Antriebsschwäche und Ausweichverhalten. Freude am Lernen konnte ich damit natürlich nicht entwickeln. Aber was machte das schon? Die Klassenziele in unserer Volksschule erreichte ich ohne viel Mühe, sozusagen mit der linken Hand. Wozu sollte ich mich da anstrengen!

Auch meinem Selbstbewußtsein tat dieses Ausweichverhalten nicht sonderlich gut. Ich wurde das Gefühl nicht los, ein Schwächling zu sein, ein Versager, das Schlußlicht bei allem, worauf es ankam. Das wurde noch verstärkt dadurch, daß ich so offensichtlich nicht den Vorstellungen entsprach, die mein Vater von einem „richtigen" Jungen hatte. „Du mit deinen brotlosen Künsten!" sagte er mir manchmal, wenn ich mich in ein Buch vertieft hatte. „Ein richtiger Bub hat ein Taschenmesser in der Tasche und ein Stück Schnur! Und was machst du?" Es wurmte ihn, daß ich ganz andere Interessen zeigte, als man im allgemeinen von einem Kleinbauernjungen erwartete. Und so verfestigten sich meine Minderwertigkeitskomplexe immer mehr.

Um mich den bedrückenden Erwartungen der Erwachsenen zu entziehen, die ich nicht erfüllen konnte und wollte, floh ich in eine Traumwelt. Ich hatte meinen Lieblingsplatz auf einer Wiese, die – eingebettet in einen kreisförmigen Streifen Mischwald – nicht weit von meinem Elternhaus entfernt gelegen war. Dorthin zog es mich immer wieder. Verborgen im hohen Sommergras, umgeben von der Blütenpracht der Wiese, lag ich da auf dem Rücken, lauschte den summenden Hummeln und Bienen und beobachtete, wie sie mit geschäftigem Fleiß den Nektar aus den Blütenkelchen der Wiesenblumen saugten. Mit den weißen Wolken am Himmel zogen meine Träume und Sehnsüchte nach Weite, Leben und Abenteuer in die Ferne.

Die Erfüllung meiner Wünsche bot sich mir damals in der Jugendbewegung des Nationalsozialismus, im sogenannten „völkischen Aufbruch". Geländespiele und Fahrten mit den Kameraden vom Jungvolk, Zeltlager und erregende Abenteuer – das war etwas für mich, da war ich mit Begeisterung dabei.

Meine Schulzeit ging zu Ende. Was sollte aus mir werden? Mein damaliger Schulleiter besuchte meine Eltern und machte ihnen den Vorschlag, mich auf eine weiterführende Schule zu schicken, damit ich später ein Lehrerseminar besuchen konnte. Mein Vater war ja Schwerbeschädigter aus dem ersten Weltkrieg, und so wäre der gesamte Ausbildungsgang für mich kostenlos gewesen. Auch der Pfarrer, der mich konfirmiert hatte, sprach meine Eltern an. Er bat und ermutigte, für mich ein Theologiestudium anzustreben.

Meinen Vorstellungen entsprach beides nicht. Da hätte ich ja richtig lernen, richtig arbeiten müssen! Aber wie sollte ich das meinen Eltern beibringen, ohne daß sie meine wahren Beweggründe durchschauten? Schließlich kam ich auf den richtigen Dreh: ich trickste die eine Seite gegen die andere aus. Würde ich Lehrer, so erklärte ich, dann würde in der Ausbildung mein Glaube Schiffbruch erleiden. Als Pfarrer aber hätte ich unter den bestehenden politischen Verhältnissen im Dritten Reich keine Zukunft. Und schließlich gab es ja noch andere Möglichkeiten. Konnte ich nicht einfach Elektriker werden?

Meine Argumente wirkten, und so konnte ich wieder einmal erfolgreich den Erwartungen anderer ausweichen, mich der Anforderung entziehen, ernsthaft zu lernen und zu arbeiten. Wieder einmal hatte ich mir meine Ziele zu niedrig gesteckt, um mich nicht voll einsetzen zu müssen. Und dabei hatte ich es doch mit keinem verdorben. War ich nicht fein raus? Zudem hatte der Elektrikerberuf Zukunft und versprach mir eine interessante Tätigkeit. Ohne besondere Anstrengung brachte ich denn auch bei einer Firma in der nahen Kleinstadt die Lehre hinter mich.

Erst viele Jahre später ging mir auf, daß dies eine meiner vielen verkehrten Weichenstellungen war. Aber noch mehr Weichen stellte ich damals in die falsche Richtung.

An jenem Tag zum Beispiel, an dem ich als Lehrling

mein erstes, selbstverdientes Geld in der Hand hielt: 50 Pfennige, eine halbe Reichsmark! Ich sehe mich wieder, wie ich die Firma verließ und mich auf mein Fahrrad schwang, um nach Hause zu fahren. Es war Samstag nachmittag. Damals wurde noch jeden Samstag gearbeitet. Es war schon eine besondere Gunst, wenn man am Samstag schon um zwei oder drei Uhr frei bekam. Nun war ich also auf dem Heimweg, und ich hatte mein erstes Geld in der Tasche. Am Hotel „Zum Schwanen" – das war damals das erste Haus am Platze – hielt ich an. Dort hatten sie eine sogenannte Gassenschänke, ein Fenster von der Straße zur Gaststube mit einer Klingel dabei, damit man sich melden konnte, wenn man etwas bestellen wollte. Mein Herz hat gebubbert, als ich den Klingelknopf drückte. Und dann kam der Wirt herbei, schob die Scheibe hoch und streckte seinen graumelierten Kopf nach draußen: „Was willst du?" fragte er. „Ein Bier!" sagte ich mit möglichst tiefer Stimme und legte meinen Fünfziger auf das Schankbrett. Einen Augenblick schaute der Wirt mir forschend ins Gesicht. Dann nahm er ohne ein Wort die Münze vom Brett und ging zum Schanktisch, um mein Bier zu zapfen. Ich sah ihm zu, und langsam verdrängte ein stolzes Gefühl meine anfängliche Beklemmung: „Du bist auf dem Wege, ein Mann zu werden!"

Und dann hatte ich mein Glas da stehen, und die fünfundzwanzig Pfennige Wechselgeld lagen dabei. Ich steckte das Geld ein und griff mein Bier. Dieser blöde Schaum obenauf, wie sollte ich bloß mit dem Schaum fertigwerden? Ich hatte den ganzen Mund voll davon. Und das Bier schmeckte mir absolut nicht! Schluck für Schluck trank ich es hinunter, und es hinterließ mir einen bitteren Nachgeschmack im Mund. Aber gehörte Biertrinken nicht zum Erwachsenwerden dazu? Und dann wurden ein paar Minuten später, als ich den letzten Rest hinuntergeschluckt hatte, die Welt und der Tag und das Leben auf einmal irgendwie heller und schöner und weiter. Beschwingt und ein Liedchen pfeifend radelte ich die zwölf Kilometer zu meinem Heimatort.

Diese angenehme Erfahrung mit meinem ersten Bier, die wollte nun natürlich wiederholt werden. Gesellschaft dazu zu finden, war nicht schwer. Und so traf ich mich von nun an öfters mit gleichaltrigen Kameraden in einer der Dorfgaststätten zum Bier. Manchmal blieben wir heimlich über die Sperrstunde hinweg. Dem Wirt war's egal, wie lange wir blieben, versprachen wir doch, gute Kunden zu werden. Aber unser alter Dorfschullehrer war hinter uns her, daß wir die Polizeistunde einhielten. Da konnte er mitten in der Nacht in der Wirtschaft auftauchen und uns nach Hause jagen. Wir waren ja noch Jugendliche! Natürlich machten wir uns einen Spaß daraus, ihn so oft wie möglich auszutricksen und dann unseren Kneipenabend bei Bier und kameradschaftlicher Unterhaltung weiterzufeiern.

An einem dieser Abende spendierte ein auswärtiger Geschäftsmann uns jungen Kerlen eine Runde Schnaps nach der anderen. Schwer betrunken torkelte ich um Mitternacht heim. Meine Eltern hielten darauf, daß ich ihnen noch ,,Gute Nacht'' sagte, auch wenn ich spät nach Hause kam. Und so ging ich auch an diesem Abend zu meinen Eltern ans Bett. Mein Vater, der damals schon über 50 Jahre alt war, sah meinen Zustand und war fassungslos. Tränen liefen ihm übers Gesicht, als er sagte: ,,Junge, was wird das mit dir werden, wenn du so in dein Leben hinausläufst!''

Wie recht mein Vater mit seinen bösen Ahnungen hatte, sollte ich erst viele Jahre später erkennen. Ich war dabei, ohne es zu merken, in eine tödliche Suchterkrankung hineinzulaufen.

Kapitel 3:
„Ich steige jetzt aus!"

Mein Vater in Tränen – das war ein Erlebnis, das ich nicht
so leicht abschütteln konnte. Aber die Anerkennung meiner Kameraden wog mir damals noch schwerer als die
Sorgen meines Vaters, und so fand ich mich bald wieder
unter ihnen ein.

Als der zweite Weltkrieg ausbrach, kreisten unsere Gespräche mehr und mehr nur noch um dieses eine Thema.
Truppenbewegungen wurden diskutiert und Siegesmel-
dungen gefeiert. Glühend beneidete ich die Älteren aus
unserer Clique, die schon eingezogen worden waren.
Während sie beitragen durften zu den großartigen Siegen
unseres Volkes, während sie sich vielleicht durch ihre Tap-
ferkeit einen Orden verdienen konnten, mußte ich untätig
zu Hause sitzen! Sollte ich vielleicht als Drückeberger en-
den? Alles verpassen?

Unbegreiflich war mir die Haltung meines Vaters. „Du
kriegst schon noch genug mit! Wart nur ab!" warnte er
mich, wenn ich das Thema zu Hause anschnitt. Schon als
die Judenverfolgungen begonnen hatten, war er der Poli-
tik der Nationalsozialisten gegenüber skeptisch geworden.
Und als der Rußlandfeldzug begann, sagte er mir offen:
„Der Krieg ist für uns verloren. Wir haben Gottes Augapfel, die Juden, angetastet." Er bezog sich damit auf ein
Bibelwort, in dem Gott das Volk der Juden mit seinem
Augapfel gleichsetzt und versichert, daß er jeden bestra-
fen wird, der dieses Volk antastet.

Doch die Bedenken meines Vaters konnten mich damals nicht beeindrucken. Ich wollte dabeisein beim
Kämpfen und Siegen. Ich war schließlich schon achtzehn!

Und so meldete ich mich, ohne eine Erlaubnis von zu Hause abzuwarten, freiwillig zur Kriegsmarine. Selbst die Betroffenheit und der Kummer meiner Eltern, als der Gestellungsbefehl kam und sie daraus entnehmen mußten, daß ich mich freiwillig gemeldet hatte, konnten meine Begeisterung nicht dämpfen. Zuversichtlich und unbeschwert verließ ich zu Pfingsten 1942 mein Elternhaus und das kleine fränkische Dorf, in dem ich aufgewachsen war. Als länger Dienender bei der Marine wurde ich zuerst zum Reichsarbeitsdienst beordert und mit einer Fahrradabteilung nach Rußland in Marsch gesetzt. Unsere Aufgabe dort war, hinter der Front Eisenbahngleise und Straßen wieder befahrbar zu machen.

Während wir uns nun Tag für Tag mit unseren Fahrrädern durch die endlose Weite dieses gewaltigen Landes vorwärtskämpften, kamen mir die ersten heimlichen Zweifel an dem, was uns an politischen Parolen eingeimpft worden war. Hatten wir wirklich ein Recht, dieses fremde Land für uns zu erobern? Manchmal waren wir tagelang unterwegs, ohne ein Haus zu sehen oder einem Menschen zu begegnen. Wie sollten wir diese unendlichen Weiten auf Dauer besetzen und kontrollieren können?

Bei glühender Hitze – oft waren es vierzig Grad im Schatten – hatten wir täglich mit voller Ausrüstung bis zu hundert Kilometer mühevoller Fahrt zu bewältigen. Mancher Kamerad mußte uns – an Typhus erkrankt und entkräftet – verlassen. Je größer die Entfernung von der Heimat wurde, desto mehr wuchsen meine Ernüchterung und meine Sehnsucht nach der deutschen Heimat. Ich träumte beim Vorwärtsstrampeln vom Klang der Kirchenglocken am Sonntag, von festlich gekleideten Menschen auf den Straßen. Je näher uns der Kaukasus rückte, desto verlorener fühlte ich mich in diesem fremden Land.

Da bot sich mir als Seelentröster russischer Aprikosenschnaps an, den wir irgendwo erbeutet hatten. Ich sehe mich noch da im Steppengras sitzen, mit einer Flasche Schnaps und meinem Kochgeschirr in der Hand. In den Deckel vom Kochgeschirr habe ich den Schnaps geschüttet und dann daraus getrunken. Und wieder fühlte ich, wie die Welt um mich herum plötzlich heller wurde, wie meine Ängste zurücktraten, mein Heimweh verblaßte. Doch nur für wenige Stunden, denn als mein Rausch verflogen war, kam mir meine ganze Verlorenheit desto bedrückender wieder ins Bewußtsein. War das nun das Heldenleben, das ich mir ersehnt hatte, als ich noch zu Hause saß?

Dann endlich holte mich die Marine von meinem Posten beim Reichsarbeitsdienst weg. Es war Ende 1942, und wir waren mit unserer Fahrradabteilung bereits am Kaukasus und damit im asiatischen Teil Rußlands angelangt. Nun ging's für mich also zunächst wieder in Richtung Heimat, zur Ausbildung auf der Marinenachrichtenschule in Aurich in Ostfriesland. Wie hatte ich diese Versetzung herbeigesehnt! Ich hatte schon befürchtet, daß man mich da hinten im tiefen Rußland ganz vergessen hätte! Die Ausbildung zum Marinefunker reizte mich. Damit konnte ich möglicherweise auch später, wenn der Krieg erst vorbei war, noch etwas anfangen. Vielleicht konnte ich dann ja als Zweiter Funkoffizier bei der Handelsmarine weiterfahren! Und so strengte ich mich – gegen meine sonstige Gewohnheit – ein bißchen an, um den Kursus gut abzuschließen. Das gelang mir auch. Nur hatte es einen von mir nicht einkalkulierten Nebeneffekt, der mir gar nicht gefiel: Die zwei Besten aus jedem Lehrgang wurden nämlich automatisch zu den U-Booten abkommandiert. Und da wollte ich nicht hin, ich wollte über Wasser fahren. Aber was blieb mir anderes übrig, als mich dreinzuschikken.

Mein erster Einsatzort war eine U-Boot-Landfunkstelle in Frankreich. Einer meiner heimlichen Träume ging so unerwartet in Erfüllung. Frankreich! Das war das Land, dessen Sprache mir wie Musik vorkam. Hier konnte man leben! Besonderen Reiz hatte für mich die reichliche Auswahl an alkoholischen Getränken, die mir plötzlich zur Verfügung stand. Und so spielte sich das, was ich ,,Leben" nannte, in sehr engen Grenzen ab, denn der Alkohol beschlagnahmte den größten Teil meiner freien Zeit. Das Land mit seinen Menschen und der Eindrücklichkeit seiner Bauten und Kunstwerke entdeckte ich erst viele Jahre später.

Erst wenige Wochen war ich in Frankreich, da wurde ich an Bord eines neuen U-Bootes kommandiert. Es war ein kleines, gerade frisch vom Stapel gelaufenes Boot, mit 235 t Wasserverdrängung, für nur 15 Mann Besatzung. Bei den U-Booten war es so, daß an Bord und auf See strengstes Alkoholverbot herrschte. In betrunkenem Zustand hätte ja jemand – zum Beispiel durch unsachgemäße Bedienung der Außenbordventile – das ganze Boot absacken lassen können. Ein Betrunkener an Bord konnte so die ganze Besatzung in Lebensgefahr bringen. Aber uns U-Boot-Fahrern stand für jeden Tag eine gewisse Ration Schnaps zu. Ich meine, es war ein achtel Liter. Und weil wir auf See nichts trinken durften, gab's eben den ganzen Alkohol auf einmal, wenn wir an Land zurückkamen, und er wurde auch auf einmal vertrunken. Kein Wunder, daß wir dann in angetrunkenem Zustand in Streitereien mit den Kameraden gerieten, mit Werftarbeitern oder Zivilisten, daß es Probleme gab unter der Mannschaft und bei Vorgesetzten. Es war manchmal erschreckend, was der Alkohol so alles an Unredlichkeiten und Aggressionen aus uns herausschwemmte.

Aber trotz aller Reibungspunkte und Reibungsflächen

hatten wir doch untereinander eine ausgezeichnete Kameradschaft. Durch das Zusammenleben auf engstem Raum waren wir wie eine Familie zusammengewachsen. Ich weiß noch, wie uns der Kommandant unseres Bootes an einem Neujahrsmorgen eine kleine Ansprache hielt und mich dabei den anderen als soldatisches Vorbild hinstellte, meine Einsatzbereitschaft und Diensttreue lobte. Da stand ich unter meinen Kameraden und konnte ihnen nicht in die Augen schauen. Denn der Kommandant hatte nur die eine Seite bei mir gesehen, daß ich flink und folgsam Befehle ausführte und stets bereit war, Hilfsdienste zu übernehmen. Er wußte nicht, daß ich – obwohl das strengstens untersagt war – heimlich an Bord Alkohol trank. Obendrein war es noch gestohlener Alkohol.

Der Kommandant erhielt für sich eine besondere Qualität und Ration Schnaps. Manche Flasche öffnete ich heimlich, bediente mich daraus und füllte sie dann mit gewöhnlichem Wasser wieder auf. Das war bei klarem Korn kein Problem. Und so stand ich unter meinen Kameraden und schämte mich innerlich, als der Kommandant mich lobte, denn er hatte meine Doppelexistenz nicht durchschaut. Er wußte nicht, daß in mir alles kaputt war, ahnte nicht, in welchem Teufelskreis ich mich befand. Denn um mein schlechtes Gewissen zu unterdrücken, brauchte ich Alkohol. Und mir den Alkohol zu beschaffen und zu trinken, verschärfte immer neu meinen Gewissenskonflikt. Wieviel wertvolle Lebensenergie kostete es mich damals, bei all dem nach außen hin noch immer ein gutes Bild abzugeben, meine unehrliche, verlogene Struktur nicht sichtbar werden zu lassen!

Es war im Frühjahr 1945. Längst hatte sich das Kriegsglück gewendet. Das U-Bootsterben – ermöglicht durch die gegnerische Entwicklung des Radars – lag als drohender Schatten über uns. Das Ende des Krieges zeichnete sich ab. Wir fuhren zu dieser Zeit in der Ostsee, in der Nähe der Geltinger Bucht, an der Grenze zwischen Deutschland und Dänemark bei Flensburg.

Ich weiß noch, wie ich in meiner Funkbude saß und den letzten Funkspruch aufnahm, den der Befehlshaber der U-Boot-Flotte gab. „An sämtliche deutschen U-Boote, die in deutschen und dänischen Gewässern und vor Reede liegen: Stichwort ‚Regenbogen' durchführen."

Stichwort „Regenbogen" – das war für uns der Befehl zur Selbstversenkung. Stichwort „Regenbogen" – das bedeutete, daß sich unsere bösen Ahnungen nun bestätigten, daß der Krieg endgültig verloren war, daß der Kapitulationstag unmittelbar bevorstand. Lähmende Stille machte sich unter uns breit, als uns der Kommandant kurze Zeit später die erforderlichen Befehle gab. In dumpfer Verzweiflung trafen wir die nötigen Vorbereitungen zur Versenkung unseres Bootes. Wir packten unsere persönlichen Habseligkeiten, die allernotwendigsten Ausrüstungsgegenstände und Kleidungsstücke in den Seesack und richteten die Sprengpatronen her. Niemand wußte, wie es weitergehen sollte. Die Zukunft lag wie ein dunkler Tunnel vor uns. Parolen geisterten durch unsere Reihen: Wir würden alle den Sowjets ausgeliefert werden. Sollte man die Selbstversenkung umgehen und noch einen Fluchtversuch nach Argentinien wagen? Aber dazu war es jetzt zu spät. Und so kletterten wir nacheinander an Deck, um das Boot zu verlassen. Als letzte feierliche Handlung wurde das Sehrohr ausgefahren und daran die Reichskriegsflagge befestigt. Zwei Torpedoklarmachboote, die dort in See lagen, nahmen uns auf. Als letzter verließ unser Kommandant das Boot. Kurz vorher hatte er die Sprengladung ausgelöst.

Von den Torpedoklarmachbooten aus starrten wir auf unser U-Boot, und dann hörten wir die Detonation der

Patronen. Langsam neigte sich das Boot, der Rumpf glitt unter Wasser. Als letztes war noch das Sehrohr erkennbar, mit der Reichskriegsflagge daran, und dann versank auch die. Wir haben alle geweint, als unser Boot unterging, das uns in den letzten Jahren wie ein Heim lieb geworden war. Mit ihm gingen alle unsere Hoffnungen und alle unsere Jugendträume von einer großen Zukunft unter. Wir haben geweint und uns zugleich geschämt.

Und dann ging das – ich will's mal im Marinejargon sagen – dann ging das Besäufnis los. Nach Seemannsart hatten wir natürlich alle Alkoholika mitgerettet, und da haben wir dann gemeinsam das bittere Ende unseres Bootes und des Dritten Reiches begossen. Das waren furchtbare Szenen in dieser Nacht. Sinnlose Wut und hoffnungslose Verzweiflung wechselten einander ab. Alles, woran wir geglaubt und wofür wir gekämpft hatten, war uns mit einem Male zerschlagen.

In den frühen Morgenstunden ging ich an Deck. Zusammen mit meinem Freund Erwin, der unser Torpedomechaniker war, lehnte ich an der Reling. Obwohl ich noch unter Alkohol stand, waren meine Gedanken glasklar, von einer seltsamen Schärfe. Ich dachte über mein Leben nach. Lange schon hatte ich keine Nachricht mehr von zu Hause bekommen. Mein Vater war 1943 gestorben. Ob meine Mutter noch lebte, wußte ich nicht. Meine berufliche Laufbahn war unterbrochen, mein ideologisches Weltbild zerstört. Diese Minuten an Oberdeck haben sich mir unauslöschlich eingegraben. So plastisch wie nie zuvor hatte ich die ganze Sinnleere meines Lebens vor Augen. Und mit einem Mal war dieser Gedanke da: ,,Wozu noch weiterleben? Es hat doch alles keinen Zweck mehr. Mach Schluß!''

,,Erwin, ich steige aus'', sagte ich zu meinem Freund, der neben mir stand. ,,Ich mache den Zirkus nicht mehr mit. Ich habe keinen Schimmer Hoffnung mehr. Ich mache jetzt Schluß!''

,,Junge, das meinst du nur'', gab Erwin zurück. ,,Wer weiß – vielleicht sind wir in vier Wochen schon wieder zu Hause!''

,,Von wegen in vier Wochen zu Hause!'' sagte ich. ,,Ich steige jetzt aus!'' Und sprang über Bord.

Kapitel 4:
Ein Wunder ist geschehen

Nach einer Woche tiefer Bewußtlosigkeit kam ich langsam wieder zu mir. Das Gesicht eines Marineoffiziers beugte sich über mich: ,,Na, Sie Primel! Sie leben ja noch!'' Tatsächlich, ich lebte noch. Ich war nach meinem Sprung mit dem Kopf zwischen den Außenbordwänden der beiden nebeneinander liegenden Torpedoklarmachschiffe steckengeblieben, und meine Kameraden hatten mich gerettet.

In meinem Kopf war ein einziges Drehen und Rauschen, wie ich nun ins Leben zurückkam. Bei meinem Sturz hatte ich schwerste Verletzungen erlitten: Einen Schädelbasisbruch, bei dem auch die Gehirnhaut innen freigelegt worden war, so daß ich aus Mund, Nase und Ohren blutete; Verletzung der Felsenbeinpyramide im Innenohr mit daraus folgenden schwersten Gleichgewichtsstörungen – ich konnte nicht mehr geradeaus laufen. Das Gehör auf der linken Seite war zerstört, dazu kam noch eine Augenmuskellähmung. Ich sollte entscheiden, ob ich mich operieren lassen wollte oder nicht. Allerdings sagte mir der leitende Arzt von vornherein, daß die Operation bedenklich sei. Unter den erschwerten Umständen inmitten der Kapitulationswirren und ohne die notwendigen Medikamente zur Verfügung zu haben, konnte leicht etwas schiefgehen. Und dann würde ich zeitlebens geistig behindert bleiben.

Ich weiß noch, wie ich da hilflos in meinem Bett lag, nachdem der Arzt mir das alles auseinandergesetzt hatte. Ich war erschüttert. Stand es so schlimm um mich? War das alles die Quittung für mein bisheriges Leben? In meiner Verzweiflung kam mir der Gedanke an Gott. Ob Gott mir helfen konnte? Und wollte? Ich fing an zu beten –

zum ersten Mal nach langen Jahren: ,,Herr, wenn du mich einigermaßen intakt durchkriegst, wenn ich den Verstand behalte, wenn ich wieder lerne, ohne Krücken auf eigenen Füßen zu gehen, wenn diese Gleichgewichtsstörungen sich wieder verlieren, wenn ich vielleicht sogar meine alte Mutter wieder sehen kann, Herr – dann fange ich ein neues Leben an!''

Gott antwortete auf mein Gebet. Er wirkte an mir, indem er meine Gedanken lenkte. Ich fing an zu überlegen, wie ich zunächst einmal mit der Augenlähmung zurechtkommen könne. Wegen dieser Lähmung liefen die Sehachsen der beiden Augen nicht mehr in einem Blickpunkt zusammen. Deshalb sah ich alles doppelt, jedes Auge sah ein Bild für sich. Ich überlegte, wenn ich nun das gelähmte Auge zwingen würde, sich nicht zu schonen, sondern den ganzen Tag über jegliche Blickwendung mitzumachen, dann könne es vielleicht – wie eine eingerostete Schraube, die hin- und hergedreht wird – langsam wieder in Gang kommen. Ich habe mir das so vereinfacht von der Technik her überlegt, und dann die Schwester gebeten, mir eine schwarze Augenklappe zu geben. Die band ich mir über das gesunde Auge und fing an, das gelähmte Auge zu trainieren.

Es war an einem der nächsten Tage. Die Visite kam ins Zimmer. Erschrocken deutete der Chefarzt auf meine Augenklappe: ,,Du liebe Zeit! Was ist denn jetzt passiert? Was hat er denn an seinem gesunden Auge?''

Ich erzählte ihm von meinen Überlegungen. Er hörte mir aufmerksam zu, drehte sich dann zu seinen Assistenzärzten um und sagte: ,,Meine Herren, der Mann hat Ideen!'' Dann untersuchte er mein Auge und fügte hinzu: ,,Ein Wunder ist geschehen!''

Durch das selbstauferlegte, erzwungene Training des Augenmuskels ging die Lähmung innerhalb von einem

Monat mehr und mehr zurück. Eines Morgens wachte ich auf und schaute nach dem Bild, das in meinem Krankenzimmer an der Wand hing. Und – welch ein Wunder – ich sah dort nur ein einziges Bild, nicht wie bisher zwei gleiche neben- und übereinander. Überrascht machte ich die Augen noch einmal zu und wieder auf: Es blieb ein Bild, ein einziges, klares Bild. Gott hatte mir den ersten Schritt zur Genesung geschenkt.

Aber noch war ich nicht über den Berg. Eines Nachts ging ich zur Toilette und bekam da einen Kreislaufkollaps. ‚Jetzt geht es zu Ende mit dir', dachte ich. Und wieder, wie so oft in den letzten Wochen, fing ich an zu beten: ,,Herr, wenn du mich wieder gesund machst, dann fange ich ein neues Leben an. Ich verspreche es dir." Und Gott half mir auch dieses Mal. Es ging langsam mit mir aufwärts.

Doch mein Versprechen – so ernst ich es in meiner Not gemeint hatte – war bald wieder vergessen. Kaum durfte ich zum ersten Mal für einige Stunden die Klinik verlassen, noch mühsam an Krücken gehend, da war ich auch schon wieder in den alten, bösen, tief eingefahrenen Bahnen. Mit Macht zog es mich in die Stadt und zum Hafen – es war in Flensburg –, denn ich wußte, daß es kein Problem war, dort irgendwie an Alkohol zu kommen. Kein neues – das alte Leben fing wieder an.

Wenig später wurde ich aus der Klinik in englische Kriegsgefangenschaft entlassen. Da ich noch arbeitsunfähig war, kam ich schon nach kurzer Zeit frei. Und so war ich denn Ende September 1945 auf der Heimfahrt. Der Zug war, wie die meisten Züge damals, halb Güter-, halb Personenzug. Man war froh, wenn man überhaupt mitkam. Am Abend kam ich an der Bahnstation in Markbreit an, einer Kleinstadt nahe meinem Heimatdorf. Es war schon dunkel. Die bangen Fragen, die auf der langen

Fahrt durchs zerstörte Deutschland in mir aufgestiegen waren, wurden immer bedrängender: Wie würde ich es zu Hause antreffen? Lebte meine Mutter noch? Ich war, seit mein Vater 1943 gestorben war, nicht mehr zu Hause gewesen und hatte nun schon monatelang keine Post mehr bekommen. Ich wußte nur aus den Wehrmachtsberichten, die ich noch auf dem U-Boot in meiner Funkbude gehört hatte, daß es bei unserem Dorf und in den Kleinstädten ringsum Gefechte und schwere Kämpfe gegeben hatte. Ich hatte Angst, daß bei uns zu Hause alles kaputt wäre.

Ein Fremder in zerschlissener Wehrmachtsuniform stieg in Markbreit mit mir aus dem Zug.

,,Na, Seemann, wo gehst du denn hin?'' fragte er mich.

,,Nach Martinsheim rüber. Das sind sechs Kilometer. Nach Hause'', antwortete ich.

,,Das paßt ja prima'', gab er zurück. ,,Ich geh' auch dorthin.''

Ich kannte ihn nicht. Es war also einer, der durch die Kriegswirren in unser Dorf verschlagen worden war. Aber er kannte mein Dorf, und er mußte wissen, wie es da jetzt aussah.

,,Ist denn bei uns in Martinsheim viel kaputt?''

Er nickte. ,,Ja, eine Menge. Da waren schwere Luftangriffe, und das obere Dorf ist kaputt.''

Aber unser Haus stand im Unterdorf, und so fragte ich weiter: ,,Und im Unterdorf, wie sieht's da aus?''

,,Im Unterdorf ist alles heil!''

Erleichtert atmete ich auf. Ich hatte also Hoffnung, meine Mutter lebend wiederzusehen.

Wenig später stand ich vor unserer Haustür. Meine Mutter öffnete. Einen Augenblick lang standen wir uns wortlos, wie erstarrt, gegenüber. Dann brach es aus ihr heraus: ,,Ernst! Gott sei Lob und Dank, daß du wieder daheim bist!'' Und dann fielen wir uns in die Arme.

Mutter war alt geworden in den vergangenen zwei Jahren. Ganz allein hatte sie, als mein Vater gestorben war, die Trauerzeit durchstehen müssen, allein die kleine Landwirtschaft weiter versorgt. Allein war sie gewesen mit der stets gegenwärtigen bangen Frage, ob ich jemals wieder nach Hause käme, und mit der Angst und dem Schrecken während der Kämpfe rings um unser Dorf. Doch nun war ich wieder zu Hause. Nun konnte das Leben weitergehen.

Kapitel 5:
Da stimmte etwas nicht

Wenige Tage später war ich mit meinem kleinen Gespannwagen unterwegs. Ich sollte eine Fuhre Heizöfen für die Flüchtlinge in unserem Dorf fahren. Pferde hatten wir nicht, deshalb mußte eine Kuh den Wagen ziehen. Das ging nur langsam voran. Gerade hatte ich einen Ofen abgeliefert und kam wieder aus dem Haus. Wie vom Blitz getroffen blieb ich stehen: Mein Wagen war weg! Aber ich hatte ihn doch vor wenigen Minuten erst hier abgestellt! Er konnte doch nicht von alleine ... Suchend schaute ich mich um. Da entdeckte ich ein spitzbübisch lachendes Gesicht, das um die Hausecke lugte. Es war Lotte, ein Mädchen aus München, das in der Dorfbäckerei und der dazugehörigen kleinen Landwirtschaft arbeitete. Als Dienstverpflichtete beim weiblichen Landdienst der Hitlerjugend war sie in unser Dorf gekommen und war nach Kriegsende am Ort geblieben. Sie hatte gesehen, wie ich den Ofen ablud, und hatte meinen Wagen um die nächste Hausecke gefahren, um mir einen Streich zu spielen. So lernten wir uns kennen. Es war bei uns beiden Liebe auf den ersten Blick.

Es dauerte nicht lange, da waren wir unzertrennlich. Jeden zweiten Tag trafen wir uns. Und zwischendurch – damit die Zeit nicht so lang wurde – schrieben wir uns noch Briefe. Es war eine herrliche Zeit. Wir waren verliebt bis über beide Ohren. Bald sprachen wir vom Heiraten. Aber das war nicht so einfach, denn da gab's erst mal einen Mordsaufruhr im Dorf. Daß so ein einfaches Mädchen in unser Haus einheiratete, das durfte nach der Meinung der Leute einfach nicht sein. Da gehörte eine Bauerstochter hin, sagte man. Jeden Tag gab's deshalb Auseinandersetzungen zu Hause. Tagsüber, wenn ich zur Arbeit außer Haus war, haben die Leute meine Mutter bearbeitet, sie dürfe das nicht zulassen. Und abends hat meine Mutter mich bearbeitet, ich solle das Mädchen laufen lassen. Dabei hatte sie fürs Haus und für die Landwirtschaft Hilfe dringend nötig. Die Arbeit ging schon längst über ihre Kräfte. Und Lotte konnte gut zufassen, obwohl sie erst 17 war.

Schließlich habe ich meiner Mutter gesagt: ,,Wenn du meine Lotte nicht im Haus haben willst, dann gehe ich eben mit ihr nach München. Ich finde dort schon Arbeit." Da durften wir endlich heiraten. 1946 war das. Alles, was wir uns da auf Bezugsschein als Aussteuer für unseren neuen Hausstand kaufen konnten, waren ein paar Teller und Tassen und ein kleines Milchkännchen. Aber das machte uns nicht viel aus. Wir hatten genug aneinander.

Meine Alkoholsucht machte sich in dieser Zeit nur wenig bemerkbar. Ich war glücklich mit meiner Frau und brauchte deshalb keinen ,,Tröster". Außerdem gab es kaum Alkoholisches zu kaufen. Wenn ich allerdings hin und wieder durch Beziehungen und private Kanäle an den Stoff kommen konnte, griff ich natürlich zu.

Meine alte Firma in der nahen Kleinstadt hatte den Krieg überlebt, und ich konnte dort bald meine Arbeit wieder aufnehmen. Es ging uns leidlich gut.

Mehr schlecht als recht beschafften wir uns alles Lebensnotwendige. Was darüber hinausging, Zigaretten, amerikanische Schokolade und Alkohol, wurde gegen Fleisch, Schinken und Butter eingetauscht. In den Geschäften gab es kaum etwas zu kaufen, dafür aber blühte der Schwarzmarkt.

Dann kam im Juni 1948 die Währungsreform. Über

Nacht waren die Schaufenster in den Geschäften wieder voll. Staunend standen wir davor und bewunderten die Auswahl. Man konnte plötzlich wieder alles haben.

Monatelang hatten die Geschäftsinhaber ihre Warenbestände, zum Teil noch aus den Kriegsjahren, zurückgehalten und gehortet, um sie nicht gegen die alte, wertlos gewordene Reichsmark abgeben zu müssen. Nun war das neue Geld da und mit ihm neue, ungeahnte Möglichkeiten. Auch Alkoholisches gab es wieder in reichlicher Auswahl zu kaufen. Wie lange hatte ich unfreiwillig darauf verzichten müssen! Das war nun vorbei. Es war, als ob ein Damm in mir gebrochen war. Von den Fluten meiner Alkoholsucht ließ ich mich davontreiben.

Einmal ging mir bei einer Trinktour das Geld aus. Ich war dem Wirt noch einen kleinen Restbetrag schuldig, und er wollte ihn mir nicht einfach anschreiben. So mußte ich ihm meine Uhr verpfänden, die ich mir kurz nach der Währungsreform zugelegt hatte. 145 Mark hatte sie gekostet – damals eine Unsumme Geld. Nun mußte ich sie als Pfand für einen lächerlichen Restbetrag im Lokal hinterlassen. Ich habe das teure Stück nie wiedergesehen. Als ich es auslösen wollte, hatte der Wirt das Weite gesucht.

Immer mehr nahm nun der Alkohol Besitz von meinem Leben. Den Meinen zu Hause ging's dabei natürlich nicht so gut. Das rare neue Geld gelangte nur zu einem kleinen Teil in die abgearbeiteten Hände meiner jungen Frau. Trotzdem brachte ich es fertig, nach außen hin immer noch ein gutes Bild abzugeben.

Ich wurde im Sportverein aktiv. Weniger auf dem grünen Rasen, als im Innenbereich. Da mußten Theaterabende und Geselligkeiten organisiert werden. Außerdem gab es reichlich Gelegenheit, Siege oder Niederlagen unserer Mannschaft zu begießen. Noch war ich beliebt und ein gern gehörter Unterhalter. Ich hatte ja meinen „Anschieber'' – meinen Freund Alkohol. Ohne ihn wäre es mir unmöglich gewesen, öffentlich zu sprechen. Er löste meine inneren Spannungen und Hemmungen, überdeckte meine Minderwertigkeitsgefühle und meine Angst, mich zu blamieren.

Nur waren jedesmal, wenn die Wirkung des Alkohols abklang, die alten Probleme verstärkt wieder gegenwärtig. Und dann brauchte ich, um meine negativen Gefühle zu unterdrücken, eben wieder neuen Alkohol. Auf diese Weise machte sich mein ,,Freund'' je länger je mehr unentbehrlich. Dabei mußte ich jetzt größere Mengen trinken, um eine Wirkung zu spüren. Es war wie bei einem Medikament, das man über längere Zeit einnimmt. Man braucht immer mehr davon, damit es noch richtig wirkt. So war's bei mir mit dem Alkohol. Hatten mir früher ein, zwei Gläser genügt, um in Stimmung zu kommen und die gewünschte Entspannung und Erleichterung zu spüren, so mußte ich jetzt immer mehr trinken, damit ich überhaupt eine Wirkung merkte. Und wenn ich einmal angefangen hatte zu trinken, dann trank ich oft tagelang weiter. Dabei hatte ich das unbestimmte, unterschwellige Gefühl: Da stimmt was nicht mit dir.

Immer mühevoller wurde es für mich, nach so einer Trinkphase wieder nüchtern zu werden, mich meinem Alltag in Familie und Beruf wieder zu stellen. Schier unmenschliche Kraft war nötig, um wieder neu durchzustarten, einen neuen Anfang zu machen – und dabei doch über kurz oder lang wieder in der nächsten Trinkphase zu landen. Meist war es so, daß dann – ohne irgendeinen erkennbaren äußeren Anlaß – in mir das Verlangen aufstieg: ,,Jetzt trinkst du ein Bier oder vielleicht auch zwei. Und dann hörst du auf. Wenn gleich Frühstückspause ist, dann gehst du in die Wirtschaft und kaufst dir ein Bier.'' Und dann ging ich rein ins Lokal mit dem festen Vorsatz, nach zwanzig Minuten wieder am Arbeitsplatz zu sein. Aber ich blieb sitzen. Und ich trank weiter, ein Bier nach dem anderen. Ich konnte nicht mehr aufhören. Da war eine Bremse in mir kaputt. Wenn ich einmal angefangen hatte, konnte ich nicht mehr aufhören, ich konnte mein Trinken nicht mehr kontrollieren. Ich mußte immer weitertrinken.

Zu Anfang versuchte ich immer noch, gegen diesen unheimlichen Sog anzukämpfen. Da saß ich dann vor meinem Glas und sagte mir verzweifelt: ,,Gleich, wenn du das hier ausgetrunken hast, dann stehst du auf und gehst.'' Aber ich stand nicht auf. Und wenn, dann nur, um in die nächste Wirtschaft zu taumeln und dort weiterzutrinken. Da sind dann oft Tage drüber vergangen. Was als Erleichterungstrinken begonnen hatte, war zu einer schweren Last, zur Sucht geworden.

Es half alles nichts! Kein guter Vorsatz, keine schier unmenschliche Willensanstrengung. Die nüchternen Zeiten wurden immer kürzer, die Trinkphasen immer länger und immer schlimmer. Natürlich gab es dadurch Schwierigkeiten zu Hause und schließlich auch in der Firma. Mein Chef versuchte, mir ins Gewissen zu reden: ,,Nimm dich doch zusammen. Die Kundschaft mag dich, und ich mag dich auch. Ich trinke doch auch mal einen übern Durst und komme dann doch auch wieder auf die Füße. Man muß doch einen klaren Kopf haben, daß man seine Arbeit machen kann. Bist doch ein Mann! Komm doch zur Vernunft!''

Aber das war da schon nicht mehr möglich. Nach dem ersten Glas war in der Regel der Dammbruch da. Dann konnte ich mich nicht mehr zusammennehmen, nicht mehr vernünftig sein. Dann war ich tagelang unterwegs, immer wieder das Lokal wechselnd, umhergetrieben von einer triebhaften Unruhe. Meine Frau saß zu Hause und machte sich Sorgen. Sie wußte nicht, wo ich steckte. Und irgendwann, wenn ich wieder aufwachte aus meinem Taumel, mußte ich ja auch wieder heim. Und das war dann eigentlich die Hölle. Das schlechte Gewissen erdrückte mich fast. Wieder einmal hatte ich das wenige Geld mit fremden Menschen vertrunken. Mein Portemonnaie war leer, die Brieftasche weg, oft noch der Führerschein oder der Personalausweis verpfändet. Und dazu dann noch die Kopfschmerzen, die Katerstimmung.

Ich lebte gegen mein Wissen und Gewissen. Ich wußte, daß es nicht recht war, was ich machte, daß ich unverantwortlich handelte, auch gegenüber meiner Frau, meiner alten Mutter und unserem Kind, das wir damals schon hatten. Ich wußte auch, daß es gesundheitsschädlich war, so unmäßig zu trinken. Mein Gewissen klagte mich an. Ich kannte ja die Stellen aus der Bibel, wo steht, daß die Trunkenbolde nicht ins Reich Gottes kommen. Und daß es Sünde ist, wenn man weiß, wie man Gutes tun kann und es doch nicht tut. Diese beiden Worte waren mir von früher her noch fest im Gedächtnis. Ich war ja mal in Religion gut gewesen in der Schule. Und ich hatte ja eine gläubige Mutter. Nun klagten mich diese Bibelworte an. Aber ich konnte mein Leben doch nicht ändern. Ich war hilflos geworden, wehrlos gegenüber der Sucht, die mich beherrschte. Ich mußte etwas tun, was ich gar nicht tun wollte, von dem ich wußte, daß es nicht recht war, daß Gott es nicht wollte. Ich mußte weitertrinken, obwohl ich merkte, daß ich selber daran zugrunde ging und mit mir meine Familie. Es war, als ob die Finsternis mich überschwemmte. Mehr und mehr verlor ich den Überblick. In der Firma wurde ich immer unzuverlässiger. Wie oft versprach ich einem Kunden: ,,Ja, ich komme. Morgen, um die und die Zeit, bin ich bei Ihnen.'' Und dann kam ich doch nicht, weil mir wieder der Alkohol dazwischengeraten war. Gewiß, was ich sagte und versprach, war immer ehrlich gemeint. Aber der Alkohol machte alle meine ehrlichen Absichten zunichte.

Immer mühsamer wurden meine Versuche, mich nach einer Trinktour wieder neu durchzuboxen. „Du kannst dir das nicht leisten", sagte ich mir oft. „Das darf nicht sein, du gräbst dir dein eigenes Grab!" Und dann raffte ich mich wieder auf zu einem neuen Versuch, meine guten Vorsätze auszuführen, wieder ein ordentliches Leben zu führen. Nur um über kurz oder lang von neuem zu scheitern. Das war der große Konflikt in jener Zeit.

Auch im Umgang mit Geld wurde ich unzuverlässig. Wenn Kunden mir Geld mitgaben, landete das nicht immer in der Firma, denn ich brauchte viel Geld für meine Trinkerei. Und wenn mir auf einer meiner tagelangen Trinktouren zwischendurch das Geld ausging, kam es vor, daß ich zwischendurch nach Hause ging, um mir neues zu holen. Ich wußte, bei meiner Mutter unterm Kopfkissen, da lag ihr Portemonnaie mit ihrer kleinen Minirente, die sie bekam. Und ich schäme mich heute, daß ich ihr dann ihr Geld gestohlen habe, um es mit fremden Leuten zu vertrinken. Wie bin ich froh, daß Gott mir später geholfen hat, all diese Unredlichkeiten wieder in Ordnung zu bringen, Menschen um Vergebung zu bitten und Geld zurückzuzahlen.

Aber noch steckte ich mittendrin. Verantwortung und Treue waren Fremdwörter für mich geworden. Geld brannte mir in der Hand – es mußte verflüssigt werden. Ein Wort von Werner Bergengruen umreißt treffend meine damalige Situation: „Wenn die tragenden Kräfte versagen, nehmen die Mächte der Tiefe die Last auf sich und schleppen sie dem Abgrund zu."

Kapitel 6:
„Das mache ich nicht mehr mit!"

Die Wende meines Lebens begann mit einer Wende im Leben meiner Frau – wenngleich zunächst nichts darauf hindeutete, daß sich auch bei mir einmal alles grundlegend ändern könne.

Meine Mutter war ja entschiedene Christin. Die Landeskirchliche Gemeinschaft in unserem Dorf, in der sie mitarbeitete, hatte für die Adventszeit eine Evangelisation geplant. Meine Mutter hatte meine Frau dazu eingeladen, und meine Frau ging auch mit.

Ich habe das damals nur ganz am Rande mitbekommen, weil ich zur gleichen Zeit für unseren Sportverein sehr beschäftigt war: ich mußte ein Theaterstück einstudieren, das zu Weihnachten während eines geselligen Abends aufgeführt werden sollte. Deshalb war ich jeden Abend unterwegs, und so fiel es mir nicht weiter auf, daß meine Frau zur Evangelisation mitging. Mit dem „frommen Tick" meiner Mutter hatte ich mich ohnehin längst abgefunden. Schließlich war sie eine alte Frau. Da sollte sie ruhig fromm sein, wenn sie unbedingt wollte.

Doch da überraschte mich meine Frau eines Abends mit einer Eröffnung, die die ganze Geschichte für mich mit einem Mal brandaktuell machte. Ich kam an diesem Tag spät nach Hause. Meine Frau hatte in der Küche auf mich gewartet. „Schön, daß du da bist", begrüßte sie mich. Aber ich war mit meinen Gedanken noch bei unserem Theaterprojekt. Deshalb nickte ich ihr nur flüchtig zu und brummte irgendetwas vor mich hin. Ich hatte keine Lust, jetzt ein Gespräch zu beginnen. Doch meine Frau schien irgend etwas zu wollen.

„Ernst", begann sie.

„Ist was?" fragte ich sie.

„Ja, Ernst. Es ist was. Ich war bei der Evangelisation. Ich habe mich bekehrt. Ich will von heute an mit Jesus leben."

„Mit was?" fragte ich zurück und schaute erst jetzt meine Frau richtig an. Sie schien nervös zu sein. Und doch war da etwas in ihrem Verhalten, das ich sonst nicht kannte. Eine Art innerer Festigkeit und Ruhe.

„Ich will mit Jesus leben", antwortete sie nun.

Fassungslos starrte ich sie an. Was sollte das denn heißen? „Du spinnst", sagte ich ihr. Und nach einer Pause – eigentlich mehr zu mir selbst: „Aber das wird sich schon wieder legen. Wirst schon sehen."

Es legte sich nicht. Im Gegenteil, es wurde immer schlimmer. Denn lebendiger Glaube wird zur Tat. Und das zeigte sich auch bei ihr. Hatte sie früher Spaß an oberflächlicher Geselligkeit gehabt, an Tanzabenden und den Festen vom Sportverein, so ging sie jetzt nur noch mit mir, weil sie mir auf diesen Veranstaltungen einen gewissen Schutz geben wollte. Richtige Freude hatte sie nicht mehr daran. Sie bezog ihre Freude nun aus anderen Quellen: aus Gottes Wort und aus dem Bewußtsein, daß sie von Gott geliebt war. Und diese Quellen sprudelten offensichtlich reichlich. Denn obwohl sie bei meinen Unternehmungen nicht mehr aus vollem Herzen dabei war, wurde sie doch keineswegs sauertöpfisch. Im Gegenteil: Ihr Leben wurde immer mehr von einer tiefen inneren Freude und von Frieden durchzogen.

Sie entwickelte ein erstaunliches Durchstehvermögen. Früher hatte sie Probleme gern auf die leichte Schulter genommen, um sich ihnen nicht stellen zu müssen. Nun war's vorbei mit ihrer auch für mich bequemen Art, über Unstimmigkeiten hinwegzugehen. Sie fing an, die Dinge zu sehen, wie sie waren, und auch so darüber zu sprechen – nicht nur zu Hause, sondern auch zu anderen in unserem Dorf. Sie ging hin zu den Leuten und bat um Verzeihung, wo sie über jemanden schlecht geredet oder jemandem irgendwie Unrecht getan hatte. Innerhalb der festgefügten Dorfgemeinschaft, wo jeder jeden kannte, war das eine Ungeheuerlichkeit. Man lachte über sie und fing an, über sie herzuziehen. Auch mir kam das zu Ohren.

,,Na, Ernst, du hast vielleicht eine Frau! Bist recht zu bedauern!'' sagte man mir.

Auch in der Wirtschaft wurde das Thema breitgetreten. Daß ich oft tagelang trank, tolerierte man noch einigermaßen. Aber daß meine Frau konsequent ihrem Glauben gemäß lebte, wollte man nicht dulden. Saufen durfte man, nur nicht fromm sein. Man bedauerte mich, daß es mich mit dieser Frau so hart getroffen hatte.

,,Da kann man nichts machen, Ernst. So sind eben die Frommen. Sieh nur zu, daß du sie von diesem Klub wieder wegkriegst, damit sie wieder vernünftig wird.''

Manche gingen noch weiter mit ihren Ratschlägen: ,,Nimm dir eine Freundin. Das ist das Beste, was du machen kannst. Mit der Frau kannst du sowieso nichts mehr anfangen.''

Eine ohnmächtige Wut wuchs in mir. Wut, weil ich mich von ihr in der Dorfgemeinschaft blamiert fühlte. Und Wut auch, weil meine Frau mir eine ständige Anklage war. Nicht, daß sie es darauf angelegt hätte, mir ein schlechtes Gewissen zu machen oder sich selbst hervorzuheben. Einfach, daß sie so lebte, wie sie's eben tat, wurde für mich zur Anklage: Sie im Licht, ich in der Finsternis. Sie mit ihrer Ordnung, und ich mit meinem Chaos. Sie mit ihren frommen Liedern und Bibelsprüchen in ihren Schürzentaschen, und ich mit meinem schlechten Gewissen, wo ich doch eigentlich viel mehr aus der Bibel wußte als sie.

Aber sie hatte die Kraft, ihren Glauben ins praktische Leben umzusetzen, und ich hatte nichts. Im Gegenteil: Ich hatte nicht nur Nichts, ich hatte noch weniger, ich war unterm Strich, ich war im Minus.

Und diese Wut, daß ich nicht gegen ihren Glauben ankam! Sogar unser damaliger Pfarrer sprach mich an wegen meiner Frau.

„Die müssen wir doch wieder zurechtrücken", meinte er.

„Wilhelm", antwortete ich ihm, „in der Frau ist eine Kraft, da renne ich mich tot. Das schaffe ich nicht."

Radikal machte sich meine Frau los von allem Zwiespältigen, von allem, das nach ihrer Ansicht ihre Verbindung mit Jesus und ihre Ehe und Familie beeinträchtigte. Ihr Glaube hatte konkrete Auswirkungen im Alltag.

Sie nahm auch Kontakt auf mit dem Blauen Kreuz in Würzburg. Die Blaukreuzstunden dort waren damals allerdings meistens reine Bibelstunden, wenn auch hin und wieder von einem freigewordenen Alkoholiker berichtet wurde. So konnte meine Frau auch da nicht viel über Ursachen, verschiedene Verlaufsformen und Genesungschancen bei einer Alkoholerkrankung erfahren. Allein durch ihre Beobachtungen – bei mir und bei ein paar anderen Alkoholikern in unserem Dorf – fand sie im Laufe der Zeit wichtige Tatsachen über diese Suchterkrankung heraus. So merkte sie, daß es mir und uns beiden nicht weiterhalf, wenn sie meine Trinkerei deckte und entschuldigte. Deshalb machte sie nicht mehr mit, wenn ich in irgendeiner Form die Verantwortung für mein Handeln abschieben wollte. Was sie schon lange gemerkt hatte, sprach sie nun offen aus: „Der Alkohol zerstört mein Lebensglück und meinen Mann. Der Alkohol ist mein bitterster Feind."

Freiwillig verpflichtete sie sich, um meinetwillen auf alle alkoholischen Getränke zu verzichten. Dabei hatte sie es damit in unserer Dorfgemeinschaft und sogar bei ihren Freunden von der Landeskirchlichen Gemeinschaft nicht leicht. Der hausgemachte Apfelwein war halt das Getränk, das selbstverständlich immer und überall auf dem Tisch stand. ,,Sei doch nicht so stur'', sagte man ihr manchmal. ,,Du kannst den Wein doch trinken. Wenn dein Mann auch Alkoholiker ist, so brauchst du doch nicht auf den Most zu verzichten.''

Einmal ging's sogar so weit, daß man ihr jedes andere Getränk – Tee oder auch nur Wasser – verweigerte. Das war an einem heißen Nachmittag, wo sie auf einem anderen Bauernhof beim Heumachen mithalf, um sich ein paar Mark zu verdienen, die sie für den Haushalt brauchte.

,,Du mußt selbst wissen, was du machst'', sagte ihr die Bauersfrau. ,,Wenn du unseren Apfelwein nicht willst, dann gibt's halt gar nichts.''

Aber meine Frau blieb fest. ,,Ich werd schon nicht verdursten'', sagte sie. Und sie hat den ganzen Nachmittag in der Hitze im Heu gearbeitet, ohne einen Tropfen zu trinken. Um meinetwillen hielt sie durch.

Und sie tat noch etwas für mich: sie betete, allein und mit anderen zusammen, um meine Befreiung. Da bekam ich bald zu spüren, daß Gebete nicht nur ein paar schöne Wörter sind, die man daherredet. Sondern Beten bewirkt etwas. Es macht aktiv – jedenfalls meine Frau. Eines Tages ging sie runter in den Keller, und sie hat die Axt genommen und die Apfelweinfässer, die dort lagerten, kaputtgeschlagen. Die neueren Fässer, die noch gut waren, hat sie heil gelassen, um sie noch verkaufen zu können und dafür ein paar Mark zu bekommen. Da hat sie nur das Spundloch aufgedreht und den Apfelwein einfach rauslaufen lassen. Das edle Naß hat über die Kanalisation unser Haus verlassen. Ich kam dazu und sah mit ohnmächtiger Wut die ganze Bescherung an.

„Bist du verrückt geworden?" polterte ich los. „Wie kannst du den ganzen Apfelwein einfach weglaufen lassen!"

Sie sah mich ruhig an und sagte – ich hör's heute noch: „Dieses Zeug, das mir so viel Elend und Herzeleid und so viele durchweinte Nächte gebracht hat, das kommt mir mit Gottes Hilfe nicht mehr ins Haus!" Und dabei ist sie geblieben.

Auf meine Versprechungen, wenn ich nach einer Trinkphase wieder nüchtern war, daß ich mich ändern würde und alles wieder gut würde, ließ sie sich nicht mehr ein.

„Und wenn du es noch so ehrlich meinst – du schaffst es nicht alleine", sagte sie mir.

Sie konnte es nun wagen, die Dinge so zu sehen, wie sie waren, und sich dazu zu stellen. Deshalb blieb sie jetzt auch immer fest, wenn ich ankam, um Geld von ihr zu erbitten.

„Du hast doch noch was, ich weiß es doch. Gib mir doch nur eine Mark. Oder wenigstens 25 Pfennig. Nur für eine Limo!" habe ich dann manchmal gebettelt. Aber ich kriegte nichts von ihr.

„Du hast selbst genug Geld gehabt", sagte sie. „Die paar Mark, die ich habe, die brauche ich, damit wir nicht untergehen."

Auch meine Trinkschulden hat sie nicht mehr bezahlt. Ich hatte ja so das System, daß ich bei meinen Trinktouren immer noch ein paar Scheine schuldig blieb. Weil ich meistens Tage durchgetrunken habe, hat mein Geld oft nicht mehr gereicht. Oft habe ich dann meinen Führerschein oder meinen Personalausweis als Pfand für den Fehlbetrag hinterlegt. Früher war meine Frau dann in die Wirtschaft gegangen, hatte das Geld gebracht und meine

Papiere wieder ausgelöst. Das war nun vorbei. Manchmal kam sogar von auswärts ein Wirt mit dem Moped gefahren, um von ihr das Geld zu holen. Dann hat sie gesagt:

,,Das ist mir wurscht, ob mein Mann einen Führerschein hat oder eine Kennkarte. Ich hab keine Schulden bei euch gemacht, und ich zahle auch nichts. Mein Mann muß für seine Schulden selbst geradestehen.''

Sie nahm mit den Gastwirten Kontakt auf und sprach sie auf ihre Verantwortung an – für mich und auch für die anderen Trinker, die es bei uns im Dorf gab, und die sie auch gut kannte. Ein Wirt hat mir's selbst berichtet, wie sie ihm gesagt hat:

,,Ich verklage dich vor dem Gericht Gottes: du bist mitschuldig an unserem Unglück. Das Elend, das über unser Haus kommt und über die anderen Familien, weil du den Männern zuviel zu trinken gibst, das Elend kommt auf dich zurück. Das mußt du in der Ewigkeit verantworten.''

Das hat mich natürlich gar nicht gefreut, wenn ich so etwas erfuhr. Und so wuchsen die Spannungen zwischen meiner Frau und mir immer mehr und zerrten immer stärker an unseren Nerven. So gab's öfter auch lautstarke Auseinandersetzungen zu Hause. So zum Beispiel, wenn kein Pfennig mehr im Hause war, und meine Frau nicht mehr wußte, wovon sie die wenigen notwendigen Lebensmittel kaufen sollte. Oft versuchte ich dann, mich mit Lügengeschichten herauszureden. Aber meine Frau durchschaute mich doch.

Manchmal, wenn ich unter Alkoholeinfluß stand, schlug ich zu Hause auch Krach. Sonst war ich ein friedfertiger Typ – schon als Kind. Ich war eher ängstlich als aggressiv. Aber wenn ich betrunken war, dann kippte das um ins Gegenteil, dann wurde aus Minderwertigkeitskomplexen und schlechtem Gewissen unberechenbare Angriffslust. Dann spielte ich den starken Mann. Das bekam meine Frau natürlich am meisten zu spüren. Wenn's nur beim Schimpfen blieb, ging's ja noch. Aber manchmal bin ich dann auch handgreiflich geworden gegen meine Frau. Ich schäme mich noch heute, wenn ich daran denke, wie ich einmal nachts betrunken nach Hause kam und noch zu meiner Frau wollte. Aber sie wehrte sich.

,,So, wie du betrunken bist, kommst du nicht zu mir.''

Da hab ich ohne zu überlegen und ohne darauf zu achten, wie und wohin, wild drauflos geschlagen. Meine Frau hat geschrien vor Angst und versucht, sich zu wehren. Da ist meine Mutter, die im Nebenzimmer schlief, von dem Lärm aufgewacht, ist herübergekommen und hat meine Frau einfach aus dem Zimmer gezogen.

,,Also schlagen läßt du dich nicht'', hat sie zu ihr gesagt. Da hat meine Frau ihr Bündel Kleider gepackt und ist zu Freunden gegangen, die ein paar Häuser weiter wohnten, und hat dort übernachtet. Wie froh bin ich heute, daß Gott mir das alles vergeben hat – und meine Frau auch.

Auch unter meinen alten Freunden eckte ich immer öfter an. Es gab Streit und Mißtrauen, und sie rückten nach und nach alle von mir ab. Da suchte ich mir neue Kumpel. Die fand ich in Würzburg in verrufenen Lokalen. Auch andere Alkoholiker gingen dahin. Wie mit magischen Kräften zog's mich immer wieder in diese Kneipen. Dort verkehrten auch Jungs, die allerhand auf dem Kerbholz hatten, und die, wenn sie ,,in Stimmung'' waren, mit ihren ungesetzlichen Heldentaten angaben oder neue Streiche ausheckten. In nüchternem Zustand wäre ich in so ein Lokal nie reingegangen. Aber wenn ich betrunken war, fühlte ich mich wohl in jener Gesellschaft. Es war, als ob der Alkohol eine Bremse in mir löste und dann dunkle Triebe aus der Tiefe hervorgeschwemmt würden.

Mein Ansehen ging immer mehr in die Brüche. Unter

den Kunden, die ich von der Firma her betreuen mußte, hatte es sich längst herumgesprochen, daß man sich auf mich nicht mehr verlassen konnte. Sie gingen zunehmend zur Konkurrenz. Mein Ruf als gewissenhafter Fachmann war dahin. Das blieb natürlich auch meinem Chef nicht verborgen. Er schätzte mich eigentlich sehr. Und deshalb hat er auch öfters versucht, mir ins Gewissen zu reden. Immer wieder ist er zu uns nach Martinsheim rübergefahren, um mich zu holen. Meine Frau erzählte mir später, wie sie manchmal einen Schrecken gekriegt hat, wenn sie seinen Wagen erkannte. ,,Oje'', hat sie dann gedacht, ,,jetzt kommt wieder der Chef. Jetzt will er wieder wissen, wo dein Mann ist.'' Und so war's dann auch.

,,Frau Rienecker, wo ist Ihr Mann?'' fragte er.

,,Ich weiß es nicht.''

,,Wann kommt er wieder?''

,,Ich weiß es nicht'', konnte sie nur antworten. ,,Ich weiß genausoviel wie Sie. Ich weiß nicht, wo er ist, und ich weiß auch nicht, wann er wiederkommt.''

Endlich war die Geduld bei meinem Chef erschöpft. Ich wußte, daß ich über kurz oder lang die Kündigung zu erwarten hatte. Da kündigte ich lieber selber.

Eine neue Stellung als Elektriker zu erhoffen, war aussichtslos. Deshalb versuchte ich mich als Vertreter. Mit einem kleinen Elektroartikelsortiment zog ich von Haustür zu Haustür. Wann ich mit der Arbeit begann und wann ich aufhörte, interessierte niemanden. Keiner merkte, ob ich Kundenbesuche machte oder ob ich in einer Wirtschaft festsaß. Deshalb wurde es mit meiner Trinkerei nun noch schlimmer. Da ich beim Arbeitsamt als arbeitslos gemeldet war, bekam ich von dort hin und wieder eine Aushilfstätigkeit zugewiesen, wenn irgendwo beim Straßenbau oder Gleisbau für einige Wochen viele ungelernte Arbeiter gebraucht wurden.

Aber meine Frau bekam nach wie vor von meinem verdienten Geld nicht viel in die Hände. Wenn sie nicht so tüchtig gewesen wäre, dann hätten wir damals manchmal nicht einmal mehr trockenes Brot zu essen gehabt. Denn in den Trinkphasen habe ich erbarmungslos mit fremden Leuten das letzte Geld vertrunken. Und so wurde auch wirtschaftlich die Lage immer bedrückender. Zwar hatten wir die kleine Landwirtschaft, die meine Frau und die Mutter versorgten, etwas Acker, ein paar Kühe, Schweine und Hühner und natürlich einen Garten. So waren wenigstens die Grundnahrungsmittel vorhanden: Kartoffeln und Brotgetreide, Gemüse und Obst, Fleisch, Milch und Eier. Aber was darüber hinausging, und sei's nur Salz und Zucker, manchmal etwas Öl oder Margarine, das mußte gekauft werden. Außerdem war ja auch einmal ein Paar Schuhe nötig oder ein Kleidungsstück.

Meine Frau wußte oft nicht einmal, wo sie die drei Mark Zeitungsgeld herbekommen sollte oder wie sie die Stromrechnung bezahlen konnte. Da ist sie dann auf den Bauernhöfen tagelöhnern gegangen und hat Putzstellen angenommen – nicht nur eine, sondern mehrere –, um ein paar Mark hinzuzuverdienen, damit wir als Familie überleben konnten. Und sie hat oft nächtelang an der Nähmaschine gesessen, um gebrauchte Kleidungsstücke, die sie geschenkt bekommen hatte, für die Familie zurechtzuflicken. Kein Wunder, daß sie bei dieser schweren körperlichen Belastung immer magerer und abgehärmter wurde. Daß sie nicht zerbrach unter dieser Last, das lag daran, daß sie von Gott immer wieder neue Kraft zum Durchhalten bekam.

Einmal ist sie, um mal einen schönen Tag zu haben, mit unserer kleinen Tochter nach München gefahren. Ein Bauer aus unserer Gegend, den sie gut kannte, hatte eine Fuhre Pflaumen, die er dort auf dem Markt verkaufen wollte, und da konnten die beiden im Lieferwagen mitfahren. Das war für meine Frau schon ein Erlebnis, wieder einmal in ihre Heimatstadt zurückzukommen, wo sie als Kind aufgewachsen war. Sie ist dann mit der Kleinen in den Tierpark gegangen. Und mittags haben sie sich zusammen auf eine Bank gesetzt und haben sich ihren Proviant geteilt: ein Brötchen und eine Schmelzkäseecke. Das mußte für beide reichen für den ganzen Tag. Wie meine Frau mit der Kleinen zusammen auf der Bank saß, da kam ihr mit einem Mal so richtig zu Bewußtsein, in welchem Elend sie lebte, in welcher Armut und in welchem Kummer.

,,Am liebsten würde ich nicht mehr zurückgehen'', stieg es in ihr auf. Aber dann kam ihr die alte Schwiegermutter in den Sinn und auch die viele Arbeit, die im Herbst in unserer kleinen Landwirtschaft zu bewältigen war: Obst ernten, Rüben ziehen und Kartoffeln auflesen. ,,Die Mutter, die kann dir wirklich leid tun. Die ist dann noch schlimmer dran, wenn du nicht zurückkehrst'', hat sie da gedacht. ,,Und wer weiß – wenn du hier bleibst, läufst du vielleicht dem einen Unglück aus der Hand, und dem andern läufst du in die Hand.'' Dann hat sie sich einen Ruck gegeben und zu sich selbst gesagt: ,,Geh wieder hin. Geh wieder an deinen Platz. Mach weiter.'' Sie hat die Kleine genommen und ist heimgefahren.

Aber als sie wieder zu Hause war, hat sie mich zur Rede gestellt.

,,Entweder du trennst dich von deiner neuen Geliebten, der Flasche, oder ich nehm' mein Kind und geh' nach München zurück.''

Sie konnte und wollte dies Leben so nicht mehr mitmachen.

Ich konnte es ihr fast nachfühlen. Ich mochte mich ja selbst nicht mehr.

Unrasiert und ungepflegt schleppte ich mich durch meine Tage. Manchmal hat meine Frau gebettelt:

,,Ernst, sei so gut. Es ist doch heut Sonntag. Mach dich ein bissel nett. Rasier dich, zieh den Anzug an und bind 'ne Krawatte um!''

Aber wenn ich mich dann aufraffte und mich vor den Spiegel stellte, um mich zu rasieren, dann hab ich's meist schnell wieder aufgegeben. Denn was mir da aus dem Spiegel entgegensah, dieses blasse, übernächtigte, verkümmerte Männerangesicht, das konnte ich nicht ertragen. Deshalb haßte ich den Blick in den Spiegel.

Langsam dämmerte mir, welch hohen Preis ich für meinen Alkohol zu bezahlen hatte, jenes Hilfsmittel, das ich brauchte, um meine inneren Probleme auszugleichen: Ich bezahlte ihn mit meinem Leben. Gab es überhaupt noch eine Hoffnung für mich?

Selbst die meisten von den Gläubigen aus der Landeskirchlichen Gemeinschaft, die lange für mich gebetet hatten, bezweifelten inzwischen, daß es mit mir noch einmal anders werden könne.

Zu Anfang, nach der Bekehrung meiner Frau, hatten viele erwartet, daß ich nun auch zurechtkommen werde. Aber dann verging die Zeit und nichts geschah. Da waren sie enttäuscht und gaben schließlich alle Hoffnung für mich auf. Das machte die Situation für meine Frau natürlich noch schwerer.

,,Diese Erwartungshaltung, daß mein Mann sich ändert, die macht mich schier kaputt'', vertraute sie damals jemandem an. ,,Ich erwarte nun das Wesentliche nicht mehr von meinem Mann. Ich erwarte es von Jesus. Wenn Jesus seinen Arm nach meinem Mann ausstreckt, dann wird es anders.''

Doch von den anderen glaubte kaum noch jemand daran.

Wenn ich zwischen zwei Trinkphasen wieder einmal versuchte, gute Vorsätze in die Tat umzusetzen, dann sagten manche zu meiner Frau:

„Der zieht doch bloß eine Schau ab. Der tut dir nur immer schön ins Gesicht und denkt gar nicht daran, sich zu verändern. In Wirklichkeit führt er dich an der Nase herum."

Manchmal versuchte man, sie richtig aufzuhetzen.

„Du bist einfach zu gut. Der kann ja mit dir machen, was er will. Du mußt mal auftrumpfen. Du mußt mal dagegen angehen."

„Ja, das habe ich alles schon versucht, und das hat auch nichts genützt", konnte meine Frau dann nur sagen.

Klar, daß ihr solche gutgemeinten Ratschläge das Leben nur noch schwerer machten. Aber die Leute sprachen halt, wie sie's verstanden. Die meisten wußten ja nicht, daß ein Alkoholkranker, wenn er einmal in der Sucht steckt, gar nicht mehr anders kann als immer wieder zu trinken, wenn sich nicht in ihm etwas grundlegend verändert und er anfängt, ganz auf Alkohol zu verzichten. Nur wenige wußten, daß die Sache eben nicht mit ein bißchen Willenskraft und Durchstehvermögen zu schaffen war. Und so hatten mich die meisten abgeschrieben. Wörtlich sagte einmal jemand:

„Beten hilft ja. Aber bei dem auch nicht mehr."

Kapitel 7:
Hoffnung für den Hoffnungslosen

Es gab keinen Ausweg mehr aus der Sackgasse meines Lebens. Das stand für mich und viele andere längst fest. Aber da gab es noch den „harten Kern" in der Landeskirchlichen Gemeinschaft, drei oder vier Gläubige, zu denen meine Frau immer hinging zum Beten. Die hatten mich nicht aufgegeben. Sie halfen meiner Frau, trotz all ihrem Elend am Glauben festzuhalten, und sie machten ihr auch ganz einfach menschlich immer wieder Mut.

Eine ältere Frau war dabei, die war für meine Frau, die elternlos aufgewachsen war, wie eine Mutter. Zu der ging sie, wenn sie nicht mehr aus noch ein wußte. Da konnte sie über ihren ganzen Kummer sprechen. Und wenn sie sich ausgeweint hatte, dann sagte ihr die Frau: „Und jetzt gehst du wieder heim und läßt dir neue Liebe für deinen Mann schenken. Denk' dran, das ist nicht dein Ernst, der so schlecht und so gemein ist. Da steckt der Teufel dahinter, der euch euer Leben und eure Ehe kaputtmachen will. Aber Jesus ist stärker als der Teufel." Und dann haben sie miteinander gebetet: „Herr Jesus, bei dir ist nichts unmöglich. Du kannst helfen, wenn deine Zeit und Stunde da ist."

Natürlich kriegte ich spitz, wo meine Frau immer hinging und was sie da tat. Und das machte meine Wut nur immer noch größer, dies Bewußtsein: Die Frommen beten für mich. Ein böser Trotz packte mich gegen alles, was mit dem Christentum zu tun hatte. Mit der übergroßen Sensibilität eines Suchtkranken spürte ich ganz genau, welches die „Echten" unter den Frommen waren, die meiner Frau noch immer die Stange hielten. In ohnmächtiger Wut schmierte ich ihnen die Haustüren voll mit antichristlichen Parolen. Doch das schien diese Leute nicht zu beeindrucken. Sie zahlten mir's nicht zurück. Sie beteten weiter.

Und dann bekam meine Frau auch noch in ihrer Abstinenz Verstärkung. Zuerst von Horst. Das war ein junger Landwirt, der sich erst vor wenigen Monaten bekehrt hatte. Er war voll feurigem, evangelistischem Eifer. Wenn der also hörte, daß ich wieder eine Trinkphase gehabt hatte, dann kam er. Und dann gab's Zunder. Er kannte seine Bibel, und dann gab's Hölle und Gericht und Verdammnis. Aber als er merkte, daß das alles nichts half und daß ich doch immer wieder trank, da wurde er unruhig. Und er hat angefangen nachzudenken, ohne daß ihm jemand was gesagt hätte. Eines Tages kam er dann zu mir und sagte:

,,Du, es ist nicht recht, wie ich das mache. Ich halte dir da fromme Standpauken und tu selbst nicht konsequent, was ich von dir verlange. Du darfst nimmer trinken. Keinen Alkohol. Keinen Tropfen. Das erste Glas bringt dir die alte Hölle wieder. Ich halte dir das immer schön vor und gehe heim und mach da meine fränkische Brotzeit mit meinem Apfelwein oder mit Wein oder Bier. Das läuft so nicht mehr. Ich geh ins Blaue Kreuz. Ich verpflichte mich, alkoholfrei zu leben.''

Genauso machte er's. Und er blieb auch dabei, obwohl er's damit nicht leicht hatte. Er mußte ja Farbe bekennen in seinem Haus und vor seiner Verwandschaft, als er nun plötzlich nichts Alkoholisches mehr anrührte.

,,Du spinnst wohl'', sagten sie ihm. ,,Wegen dem versoffenen Kerl machst du das? Das hilft bei dem doch auch nichts mehr!'' Aber Horst blieb fest.

Und dann war da noch eine ältere Dame, das war die Mutter von unserem Bürgermeister. Zu der hatte ich Vertrauen. Bei ihr habe ich mich oft ausgeweint – ich kam ja mit mir selbst nicht mehr zurecht. Und eines Tages sagte sie zu mir:

,,Du sollst mich im Gericht Gottes mal nicht verklagen können und sagen: ‚Die fromme Klara hat immer ’nen schönen Bibelspruch parat gehabt. Aber konsequent getan hat sie nichts.‘ Das merkst du dir: Ich verzichte auf mein Gläschen Rotwein, das ich mit Eigelb verquirlt alle Tage zur Stärkung trinke. Ich geh ins Blaue Kreuz.‘‘

Und meine Ehefrau war natürlich vorneweg. Das war also ein ganzes Team von Abstinenz, und mir wurde das so langsam richtig unheimlich. Aber zunächst sah es so aus, als ob sich der Teufel über das alles nur eins ins Fäustchen lachen würde. Es wurde immer finsterer in mir und um mich. Die alten Gedanken kamen wieder in mir hoch: ,,Es hat keinen Zweck mehr mit dir. Mach Schluß.‘‘ Und dann kam’s vor, wenn ich unter Alkohol stand, daß ich dachte: ,,Jetzt fährst du mit dem Motorrad vor die Wand!‘‘ Oder auch: ,,Jetzt stürzt du dich von der Brücke. Dann ist alles vorbei.‘‘ Aber es ging einfach nicht. Ich kriegte es nicht hin. Und dann dachte ich voll ohnmächtiger Wut: ,,Die Frommen liegen wieder auf ihren Knien und beten, und darum klappt das alles nicht.‘‘

Es war ein ständiges Wechselbad der Gefühle für mich in jener Zeit. Wut ging unversehens über in tiefe Depression, in Angst und Verzweiflung. Auflehnung gegen alles Fromme wechselte sich ab mit erdrückenden Schuldgefühlen. Längst war mir selbst mein letztes bißchen Hoffnung erloschen. Da gab’s keinen Ausblick mehr nach vorne, keinen Silberstreif am Horizont. All die vielen guten Vorsätze, abstinent zu leben, all die neuen Ansätze waren mir immer nach kurzer Zeit wieder kaputtgegangen. Und das über Jahre. Die meisten anderen hatten längst die Hoffnung für mich aufgegeben, und ich selber endlich auch.

Ich getraute mich nicht mehr, mir etwas vorzunehmen, weil ich mir sagte: ,,Das haut doch nicht hin. Das wird sowieso nichts. Du schaffst es nie.''

Mein Abstieg war nicht mehr zu bremsen. Die nüchternen Zeiten wurden immer kürzer, die Trinktouren uferten immer mehr aus. Es wurde immer finsterer in mir und um mich. Das wurde so schlimm, daß ich es sogar körperlich spürte. Ich erinnere mich an einen Sommertag. Ich merkte, daß die Sonne schien. Aber vor meinen Augen begann die Welt auf einmal, sich immer mehr zu verdunkeln. Angst packte mich, und ich sagte zu meiner Frau: ,,Mädchen, ich seh kaum noch. Es ist alles dunkel in mir und auch um mich herum.''

Auch für meine Frau wurde die Belastung in dieser Zeit immer drückender. Sie hat später erzählt, wie sie manches erlebt hat. Wenn es abends sechs Uhr wurde und ich war noch nicht zu Hause, dann fing in ihrer Brust die Angst an zu bohren: ,,Wo mag er sein? Ist er wieder in einer Wirtschaft hängengeblieben?'' Dann hat sie zuerst versucht, sich selbst zu beruhigen: ,,Er wird wohl bei der Arbeit aufgehalten worden sein und Überstunden machen müssen.'' Aber wenn's dann sieben Uhr wurde, und ich war nicht gekommen, dann wußte sie, es konnte nicht an Überstunden liegen. Aber noch immer hat sie sich innerlich gewehrt: ,,Das gibt's nicht. Der muß heute kommen. Das kann nicht wahr sein, daß er nicht kommt. Nein, nein, er kommt schon noch. Ganz bestimmt.'' Und dann hat sie gelauscht, ob sie mein Motorrad schon hören konnte.

Doch wenn es dann acht Uhr wurde und ich war nicht daheim, dann konnte sie sich nicht länger etwas vormachen. Dann wußte sie, daß ich schon längst in irgendeiner Wirtschaft saß und daß ich jetzt wahrscheinlich wieder tage- und nächtelang trinken würde. Oft ist sie dann bis in die Morgenstunden aufgeblieben, hat sich irgendeine Arbeit vorgenommen, was zum Nähen oder Stopfen, und hat auf mich gewartet. Und immer bohrten in ihr die bangen Fragen: Wann wird er wohl wieder heimkommen? Wie wird er aussehen, was wird er machen? Ruft die Polizei an? Oder das Krankenhaus?

Manchmal hat sie dagesessen und nur noch geweint, weil sie das Elend einfach nicht mehr ertragen konnte. Sie hat ihren Kummer Gott in die Ohren geweint, und dann hat sie gebetet: „Herr, ich schicke dich wieder hinterher. Du weißt jetzt, wo er ist. Bewahr ihn vor dem Schlimmsten. Bring ihn gut wieder heim. Und hilf mir, daß ich ihn dann wieder liebhaben kann. Schenk mir Geduld und Barmherzigkeit. Hilf mir, das Richtige zu sagen und zum richtigen Zeitpunkt zu schweigen."

Auch unsere kleine Tochter kriegte so langsam den Kummer mit, den es zu Hause immer wieder gab. Sie war vielleicht fünf, sechs Jahre alt, da lag sie einmal abends im Bett und betete vor dem Einschlafen: „Lieber Heiland, behüte den Papa, daß er nicht ins Wirtshaus geht." Da sagte die Oma, die mit im Zimmer war, mit rauher Stimme mitten in das Gebet hinein: „Der ist schon drin." Sie wußte ja, wenn ich so spät noch nicht zu Hause war, dann hing ich wieder irgendwo fest.

Noch heute erinnert sich meine Tochter daran, wie ich einmal betrunken mitten im Wohnzimmer lag und wie ihr dann die Oma ein Glas Wasser in die Hand gab und sagte:

„Da! Schütt das dem Papa ins Gesicht, damit er aufwacht."

Mich, ihren Papa, liebzuhaben und andererseits zu erleben, wie ich ihrer Mama und der Oma, die sie ja auch liebhatte, immer wieder solchen Kummer machte, das hat das kleine Mädchen zutiefst verwirrt. Wie konnte sie überhaupt noch wissen, was sie mir gegenüber fühlen sollte?

Zwischendurch war ich auch mal für längere Zeit nüchtern. Die längste Zeit waren einmal neun Monate. Da war schon große Freude bei uns eingekehrt, und meine Frau hat gedacht, nun sei das Elend vorbei. Wir haben aufgeatmet und sind aufgelebt. Unser zweites Kind meldete sich in jener Zeit an.

Da kam einer von meinen alten Freunden zu uns ins Haus. Es war gerade Himmelfahrt, und er wollte mich abholen zu einer Vatertagstour. Das fing erst ganz harmlos an.

,,Ernst'', sagte er, ,,was habt ihr 'ne trockene Luft hier! Habt ihr nichts zu trinken?''

,,Gewiß kannst du was kriegen. Ich hab Tee oder Saft oder ein klares Wasser'', antwortete meine Frau ihm. Sie war da schon im sechsten Monat schwanger.

,,Tee? Wasser? Bin ich ein Bub?'' polterte er. ,,Ich will was richtiges zu trinken.''

,,Bei uns gibt's nur Alkoholfreies'', sagte meine Frau ihm ganz ruhig.

Da wandte er sich an mich. ,,Das läßt du dir gefallen, Ernst? Wer hat eigentlich hier die Hosen an, du oder sie?''

Das konnte ich nicht gut hören, und das merkte mein Freund natürlich gleich. ,,Ernst, komm mit mir'', sagte er. ,,Heut ist Vatertag, und das muß gefeiert werden. Wir gehn jetzt ins Lokal. Da sind wir Männer unter uns. Und da gibt's auch nicht nur solches Weibergesöff.''

,,Ernst, ich bitt dich, bleib hier'', bettelte meine Frau.

,,Bist du ein Mann oder nicht?'' hielt mein Freund dagegen.

,,Ernst ...'', fing meine Frau noch einmal an.

Aber ich schaute einfach weg, um ihre flehenden Augen nicht mehr sehen zu müssen. Und dann ging ich mit.

Erst viel später habe ich begriffen, was ich da meiner Frau angetan habe, wie tief ich sie verletzt habe. Sie trug unser Kind unterm Herzen, und ich habe sie alleingelassen und wieder mit Trinken angefangen.

Von da an ging's noch einmal rapide bergab mit mir.

Als unser Kind zur Welt kam, ein Sohn war's, ging's meiner Frau nicht gut. Sie lag nach der Entbindung zu Hause in ihrem Bett, und meine Mutter brachte ihr zu essen.

,,Da bring ich dir unser letztes Brot und unseren letzten Honig. Wir haben dann nichts mehr'', sagte sie.

Da brach das ganze Elend über meiner Frau zusammen. ,,Was soll nur aus uns werden, aus den beiden Kindern und der Oma und mir'', dachte sie. ,,So lange ist es gut gegangen. Und jetzt wieder dieses Chaos. Wie soll's nur weitergehen!'' Und sie konnte nur noch weinen.

Ein paar Wochen später war sie mit dem Fahrrad nach unserer Kreisstadt gefahren, um sich ihr Stillgeld zu holen. Das war eine kleine Beihilfe, die damals die jungen Mütter bekamen. Zum ersten Mal nach dem Krieg konnte sie da über eine kleine Geldsumme frei verfügen. Sie hat später erzählt, wie froh sie war, als sie das Geld ausgezahlt bekam. ,,Jetzt machst du dir auch mal eine Freude'', hat sie gedacht. Und dann ist sie einkaufen gegangen und hat ein Besteck ausgesucht und ein paar Gläser und eine Zimmeruhr und ist dann fröhlich die 16 Kilometer zurückgefahren. Sie konnte es kaum erwarten, nach Hause zu kommen und alles zu zeigen.

Aber als sie dann mit ihren Schätzen in die Küche kam, da mußte sie feststellen, daß ich gar nicht da war, daß ich wieder einmal irgendwo unterwegs war. Mit einem Mal wogen ihr die Päckchen in ihren Händen zentnerschwer. Sie konnte sich nicht mehr daran freuen. Das ganze Elend brach wieder über sie herein.

Wenig später saß sie im Wohnzimmer auf der Couch, um den Kleinen zu stillen. Da kam ich herein, und bei mir war einer von meinen alten Freunden. Das war ein Bauer, der seinen ganzen Hof vertrunken hatte und der wieder einmal in unserer Gegend war. In der Flaschenbierhandlung gleich nebenan hatten wir beide getrunken, und nun randalierten wir mit unserem benebelten Kopf im Wohnzimmer. Es muß schrecklich gewesen sein. Meine kleine fünfjährige Tochter saß unterm Tisch und weinte, meine Mutter saß auf dem Stuhl davor und weinte, und meine Frau saß auf der Couch mit dem Baby im Arm und weinte auch. Nur habe ich das alles gar nicht mitbekommen. Ich war viel zu betrunken. Meine Frau hat mir's später erzählt. Sie hat mir gesagt, welche unendliche Trostlosigkeit sich da wieder in ihrem Herzen breitgemacht hat. Sollte es denn nie eine Änderung geben?

Die Versuchung zum Selbstmord wurde immer bedrängender. Eine Nacht haben wir erlebt, da wollte der Teufel uns beiden diese Gedanken eingeben, meiner Frau zu Hause und mir irgendwo unterwegs. Mir sagte er: ,,Nimm dein Motorrad und fahr gegen 'nen Baum. Dann ist endlich alles vorbei.'' Und meiner Frau flüsterte er ein: ,,Hilft doch alles nichts. Gib auf! Nimm 'nen Strick und häng dich da im Schuppen auf am höchsten Balken!''

Da ist sie in ihrer Not auf die Knie gegangen und hat gebetet. Sie hat sich vor Gott gedemütigt mit ihrem Trotz und hat gesagt: ,,Heiland, vergib mir, daß ich so böse bin.'' In dem Moment – so hat sie mir später erzählt – wich diese Macht von ihr, die sie in den Selbstmord treiben wollte, und ein tiefer Friede kam in ihr Herz.

Ich war noch draußen in jener Nacht, und ich war in derselben Versuchung, endgültig auszusteigen. In den frühen Morgenstunden – drei oder vier Uhr war's vielleicht – kam ich heim. Meine Frau saß in der Küche und stopfte Kinderstrümpfe. Und ich machte die Tür auf mit meinem schlechten Gewissen, und meine Frau saß da im Sessel, und sie sagte: ,,Gott sei Lob und Dank, daß du wieder da bist. Ich hab gemeint, ich halte es vor Liebe nicht mehr aus.'' Wenn man mich verprügelt hätte, das wär leichter gewesen. Aber das, das war nicht zu verkraften. Das tat weh. Und doch tat's auch wohl, daß sie mich trotz allem immer noch haben wollte.

Der Leidensdruck konnte kaum noch stärker werden. Ich war nahe daran, zusammenzubrechen. Da war der Druck meines schuldbeladenen Gewissens. Da war die Angst, daß meine Frau, konsequent, wie sie war, doch eines Tages die Koffer packen und nach München gehen würde. Da war das Wissen, daß ich – so wie es mit mir stand – nie wieder in meinem Beruf Arbeit bekommen würde. Da war das Gefühl meiner Ohnmacht, das Bewußtsein, daß ich mich selbst nicht herausreißen konnte aus meinem Sumpf. Da war die ständige Konfrontation mit den lebendigen Christen in meiner Umgebung, mit meiner Mutter und meiner Frau und jenen wenigen in der Landeskirchlichen Gemeinschaft, die noch für mich hofften. Da war auf der einen Seite eine unendliche Sehnsucht: wenn du das doch auch hättest, diesen Frieden und diese Hoffnung, die die haben. Und auf der anderen Seite der Zorn auf alles Fromme. Alle meine Freunde hatten sich von mir abgewandt. Ich war vereinsamt. Viele lachten über mich und verachteten mich.

Da – in dieser Tiefe und Verzweiflung und Hoffnungslosigkeit – fing ich an, Gott mein Herz auszuschütten und darauf zu vertrauen, daß er mein Schreien hörte. Außer meiner Frau erfuhr niemand davon. Immer wieder wandte ich mich im Gebet an Gott. Und Gott hörte mich. Er ließ in mir das Pflänzlein der Sehnsucht nach einem neuen, freien Leben wachsen. Mit jedem neuen Rückfall wuchs mein Verlangen nach Hilfe und mein Vertrauen darauf, daß Gott der Allmächtige stärker ist als alle zerstörerischen Kräfte.

Kapitel 8:
„Der Spötter wird fromm!"

Es war an einem Sonntagmorgen. Ich war allein zu Hause, meine Frau war in den Gottesdienst gegangen, und ich saß gemütlich auf dem Sofa, hatte mir eine Zigarre angesteckt und suchte Marschmusik im Radio. Da hörte ich, als ich an den Knöpfen drehte, plötzlich die Stimme eines Radiopredigers, wie er gerade sagte: „Was hilft dir dein verlogenes Christentum!" Nur diesen einen Satz kriegte ich mit. Wie ein Messer fuhr er mir durchs Herz. Ich wußte sofort: „Das ist deine Situation." Ich war ja noch Kirchenmitglied, ich war getauft und konfirmiert. Und ich hatte so viel frommes Hintergrundwissen von Kindheit an. Ich wußte so viel von dem, was in der Bibel steht. Aber es war alles nichts als verlogenes Christentum. Es war für mich zu nichts wert. Schlagartig wurde mir das klar. Und ich wußte auch, wenn sich bei mir wirklich etwas wandeln sollte, dann mußte es an diesem Punkt beginnen. Dann mußte mein Christentum echt werden. Ich mußte wirklich offen werden für Gott und für sein Wort.

Wenig später kam meine Frau aus der Kirche nach Hause. „Ihr habt doch heut nachmittag noch eure Bibelstunde", sagte ich ihr, „ich geh mit dir."

Fassungslos starrte meine Frau mich an: „Was hast du gesagt?"

„Ich geh mit zur Bibelstunde", antwortete ich.

Da brach sie plötzlich in Tränen aus. „Ich kann's kaum glauben, Ernst."

Aber ich ging wirklich mit. Ich erinnere mich noch, wie wir an jenem Nachmittag durchs Dorf zogen. Die Leute, die uns begegneten, guckten uns nach, denn sie hatten uns schon lange nicht mehr miteinander gehen sehen. Und wie staunten sie erst, als sie merkten, daß ich offensichtlich mit zur Bibelstunde wollte. Das ging bald wie ein Lauffeuer durch den Ort und die ganze Gegend: ,,Der Spötter wird fromm!''

Die Bibelstunde wurde in einem Privathaus gehalten, und ich sehe uns noch, wie wir da die hohe Außentreppe hinaufstiegen: meine Frau mit strahlendem Gesicht voneweg und ich wie auf Eiern hinterher. Als wir in den Raum hineinkamen, saßen da schon ein paar von den Gläubigen. Da war's, als ob mit einem Mal alle Gespräche verstummten. Überrascht und staunend schauten sie mich an. Viele von ihnen hatten lange und ausdauernd für mich gebetet, aber daß ich nun mitten in ihre ,,Stunde'' hineinkam, das konnten sie kaum fassen. Und manchem war auch die Frage im Gesicht abzulesen: ,,Meint er's wirklich ernst?''

Ich stand mitten unter ihnen, linkisch und verlegen, und wußte nicht, wie ich mich verhalten sollte. Da zog meine Frau mich neben sich auf einen der bereitgestellten Stühle, und die Stunde begann. Ich saß da mit sehr zwiespältigen Gefühlen. Einerseits war wirklich das Verlangen in mir erwacht, auf Gott und auf sein Wort zu hören. Aber ich kam mir doch sehr fremd und verloren vor unter den Leuten, die mit mir da saßen.

Und ihnen ging's auch nicht besser. Einerseits freuten sie sich von Herzen, daß ich zur Bibelstunde gekommen war, denn das konnte wirklich nur Gott selbst bewirkt haben. Aber andererseits fragten sie sich doch, ob sie mir trauen durften. ,,Wollen erst mal abwarten, ob das echt ist und ob er sich bewährt'', dachten manche, und einer sagte mir's auch.

Sie wurden tatsächlich bald enttäuscht, denn die Sucht hatte mich noch fest in ihren Klauen. Es lag noch ein mühevoller Weg vor mir, bis ich endgültig frei wurde, wenn auch nun der tiefste Punkt hinter mir lag, die Talsohle durchschritten war.

Anderthalb Jahre noch dauerte der zermürbende Kampf. Wieder war ich hin- und hergerissen – aber diesmal auf eine andere Art. Auf der einen Seite wuchs in mir die Sehnsucht nach einem freien Leben, nach Gottes Hilfe, das Verlangen danach, aus seinem Wort zu lernen und danach zu leben. Auf der anderen Seite spürte ich das Zerren jener unheimlichen Macht, die mich in die Tiefe zurückreißen wollte.

Es war geradezu, als ob die Hölle losgewesen wäre. Schwere und unheimliche Rückfälle machten mir zu schaffen. Wieder war ich tagelang unterwegs von einer Kneipe zur anderen. Zuerst ging meine Frau mich dann suchen, zusammen mit dreien oder vieren aus dem Gemeinschaftskreis. Sie wollten mich aus der Wirtschaft holen, wenn ich im Ort war. Aber sie fanden mich nur selten. Manchmal hat mich der Wirt auch versteckt, wenn er die Abordnung kommen sah.

Für meine alten Trinkkollegen war's ja auch eine tiefe Befriedigung, daß ich immer wieder umkippte. Ganz offen machten sie sich darüber lustig, daß ich mich einerseits zu den Frommen hielt und andererseits immer wieder zu Sauftouren loszog. Daß ich ernsthaft versuchte, von meiner Sucht loszukommen, glaubten sie mir nicht. Immer wieder, wenn ich eine nüchterne Zeit hatte, versuchten sie, mich zu verleiten.

,,Trink, Ernst'', sagten sie mir. ,,Ob du jetzt trinkst oder später, bleibt sich gleich. Du trinkst eh immer wieder. Fällst ja doch immer wieder um!''

,,Und wenn ich hundertmal umfalle'', hielt ich ihnen entgegen, ,,dann stehe ich auch hundertmal wieder auf. Ich will raus aus der Sucht.''

Wenn ich aber betrunken war, ging's ganz anders mit mir herum. Meine Frau und ihre Freunde gaben es bald auf, mich in den Kneipen zu suchen. Sie merkten, daß es keinen Sinn hatte, daß es absolut nichts bei mir bewirkte, selbst wenn sie mich irgendwo fanden. Ich ließ mich nicht halten. Wenn ich dann im Rauschzustand war, brach manchmal meine Wut gegen alles Fromme neu in mir auf, und ich ging wieder hin und schmierte antichristliche Parolen an die Wände. Verständlich, daß da die Gläubigen aus der Gemeinschaft nicht mehr mitkonnten. Wie sollten sie es auch verstehen, daß da einer sonntags fromme Lieder sang und in ihrer Mitte von Gott erzählte, dann aber wieder tagelang soff. Und das nicht nur einmal, sondern immer wieder. Wie sollten sie mir denn da noch trauen?

Sogar meine Frau, die immer durch dick und dünn zu mir gehalten hatte, war einmal so am Ende, daß sie mir sagte:

,,Du bist doch ein Heuchler. Du liest fromme Bücher und singst fromme Lieder, und dann betrinkst du dich wieder und gehst alte, sündige Wege.''

Da dachte ich – das ist mir unvergeßlich geblieben: ,,Jetzt versteht die dich auch nicht mehr.'' Da habe ich es aufgegeben, mich mit meiner inneren Zerrissenheit und meinen tiefsten Sehnsüchten bei Menschen auszusprechen und sie um Verständnis zu bitten. Aber ich konnte mit Gott darüber sprechen.

Wenn ich nach einer Trinkphase wieder nüchtern wurde, war ich oft erschrocken über das, was ich wieder angerichtet hatte. Und dann erfüllte mich von neuem die Sehnsucht nach Befreiung. Da hat für mich Glaube und Vertrauen begonnen. Ich sagte Gott meine Not, so wie sie war: ,,Herr, es läuft alles so schief und bucklig bei mir. Ich schaff's doch nicht, mein Leben klar und gerade zu leben. Aber ich will's dir zutrauen, daß du wirklich Hilfe für mich bereit hast. Und darauf will ich warten."

Ich hatte inzwischen auch ein paar freigewordene Alkoholiker kennengelernt und wußte also, daß es wirklich Befreiung gab.

Eine Liedzeile, die ich noch aus meiner Kindheit kannte, wurde mir lebendig: „Er hat viel tausend Weisen, zu retten aus dem Tod ..."

Tausend Dinge um mich herum wurden zum Anruf Gottes an mich. Bei uns im Hause wohnte ein alter Herr, ein Flüchtling. Als er starb, mußte ich zusammen mit fünf anderen Männern aus dem Dorf als Sargträger dienen. Wie wir den Sarg über den Friedhof zum ausgeschaufelten Grab hin trugen, schrie es in mir: „Herr Gott, befreie mich und rette mich. Wenn ich an Stelle dieses Toten im Sarg läge, ich wäre verloren!"

Oder ich las die Geschichte der US-Streitkräfte, die im zweiten Weltkrieg auf Hawai stationiert waren. Ihr Song wurde mir zur Anrede Gottes: „Verlorene Söhne durchbummeln die Zeit. Erbarme dich, Herr, unserer Wenigkeit!" Als verlorener Sohn durchbummelte auch ich die Zeit. „Erbarme dich, Herr, meiner Wenigkeit" – das war auch mein Gebet.

Nach außen hin hatte sich bei mir nicht viel geändert. Aber wenn ich heute an diese Zeitspanne zurückdenke, dann ist es mir, als ob sich damals die tödliche Starre, die sich um mein Leben gelegt hatte, zu lösen begann. Zum ersten Mal kam eine Kraft in meine Tage und das erste Fünkchen Hoffnung nach langer, hoffnungsloser Zeit. Ich konnte mich im Gespräch mit anderen zu meiner Problematik stellen. Ich wurde lebendig. Ich begann, die starre Düsternis der Depression abzulegen und fing an, wieder wirkliche Traurigkeit empfinden zu können und mich wieder wirklich freuen zu könnnen.

Doch trotz aller Offenheit für Gott und sein Wort war

ich noch von der Sucht gefangen. Von einer triebhaften Unruhe wurde ich umhergejagt. Oft wurde die innere Spannung unerträglich. Ich konnte nicht mehr schlafen, wurde aggressiv und ungeduldig.

Meine Frau kannte diese Anzeichen schon. „Es wird nicht lange dauern, bis du wieder trinkst", sagte sie dann zu mir. Und es hat dann auch meist wirklich nicht mehr lange gedauert. Ich wehrte mich dagegen, und doch kam's unweigerlich.

Trotz allem wurde langsam etwas anders. Mein Verlangen nach Alkohol begann aus dem Unbewußten langsam ins Bewußtsein zu dringen. Da habe ich manchmal mit mir selbst diskutiert und gerungen. „Jetzt kaufst du dir ein Bier", kam's mir dann wohl in den Kopf. „Nein, das tust du nicht!" hielt eine andere Stimme in mir dagegen. „Ach, so schlimm ist das nicht. Nur ein einziges!" wollte ich mir einreden. Und sagte mir selbst gleich danach mit aller Klarheit: „Bei dem einen bleibt es nicht."

So ging der innere Kampf hin und her, bis ich dann häufig doch umkippte und mir ein Bier kaufte. Und mit dem ersten Glas war der Dammbruch wieder da. Aber ich fühlte mich nicht mehr erleichtert oder gelöst beim Trinken. Ich hatte kein Hochgefühl mehr oder nur noch ganz kurz und ganz selten. Es war nur noch Zwang, es war kein Genuß mehr drin. Meine Schuldgefühle waren so übermächtig, so erdrückend, daß sie auch unter Alkohol nicht verblaßten. Ich konnte trinken und trinken und trinken. Aber ich habe nicht mehr das Stadium des Vergessens und der Erleichterung erlebt. Und auch mein Gewissen konnte ich nicht mehr ersäufen.

Unvergeßliche Erinnerungen habe ich aus dieser Zeit behalten. Wenn ich so tagelang unterwegs war von Kneipe zu Kneipe, dann ging ich zwischendurch öfters zur Bahnhofsmission. Dort gab es ein Schmalzbrot und eine harte

Holzpritsche zum Schlafen. Ich weiß noch, wie ich da einmal auf meiner Pritsche lag und durch das geöffnete Fenster in den nächtlichen Sternenhimmel mit seiner majestätischen Reinheit hinaufsah. Da stieg in mir die Frage hoch: „Hast du das nun nötig, daß du hier um ein Schmalzbrot und um eine harte Holzpritsche bettelst? Wartet nicht in deinem eigenen Hause dein frisches, weiches Federbett auf seinen rechtmäßigen Besitzer? Willst du weiter das wenige, hart verdiente Geld mit völlig fremden Menschen vertrinken? Hat deine Frau nicht ein gutes Recht auf Glück und Liebe?" Und ich schrie zu Gott um Rettung, um Reinigung und Heilung meines kranken Lebens.

Wenn ich nach einem Rückfall wieder aus meinem Rausch auftauchte, wuchsen meine Schuldgefühle, meine Reue und Angst ins Unermeßliche. Dann wieder heimzugehen, das war die Hölle. Meine Frau schimpfte nicht mit mir. Aber sie war sehr traurig. Sie war für mich ein einziger stiller Vorwurf. Die müden, fragenden Augen meiner verhärmten Frau, die waren eine stumme, aber gewaltige Predigt für mich. Ich konnte ihr dann nicht in die Augen schauen. Das Heimgehen, das war furchtbar.

Manchmal, wenn ich nicht mehr aus noch ein wußte, ging ich zur „frommen Klara". Ich wußte, daß sie seit langem für mich betete. Zu ihr hatte ich Vertrauen. Da habe ich mich ausgeweint und all mein Elend gesagt. Und sie hat mir keine Vorwürfe gemacht. Sie hat nur gesagt: „Ich verstehe dich. Ich weiß, daß du dich heraussehnst. Glaub's nur, die Stunde der Befreiung schlägt."

Hin und wieder hat auch meine Frau mit mir gebetet. Sie hat mir die Hände aufgelegt und den Segen Gottes für unsere Ehe und für ihren süchtigen Mann erfleht.

Dann starb meine Mutter. An ihrem Sterbebett habe ich Wunderbares erlebt. Ich steckte gerade wieder einmal in einer Trinkphase. Da legte sich meine Mutter ins Bett. Sie wußte, daß sie sterben würde. Von Stunde zu Stunde fragte sie sich angstvoll: Würde ihr Sohn noch rechtzeitig wiederkommen? So lag sie da und wartete auf mich. Und da kam ich wirklich, und ich war nüchtern. So konnte ich die letzten Stunden meiner Mutter bewußt miterleben. Sie bat meine Frau und mich an ihr Bett. Wir haben dann vor Gott und untereinander alles geordnet, was zwischen uns gestanden hatte. Wir haben einander um Vergebung gebeten und Vergebung gewährt, wo wir schuldig geworden waren oder uns gegenseitig wehgetan hatten.

Dann hat meine Mutter uns gesegnet. Wir wußten, daß Gott uns ganz nahe war in diesen Augenblicken. Es war unbeschreiblich herrlich. Wir spürten, daß der Segen meiner Mutter nicht nur eine liebevolle Geste war, nicht nur ein paar schöne Worte, sondern daß meine Mutter dazu von Gott bevollmächtigt war und daß Gott zu diesem Segen stehen würde.

Dann starb meine Mutter. Natürlich waren wir traurig, sie nicht mehr bei uns zu haben. Aber in uns war trotz der Trauer ein tiefes Glück und ein alles umfassender Friede.

Kapitel 9:
Endlich frei!

Meine Mutter lag unter der Erde. Im Frieden mit Gott und mit uns war sie gestorben. Das Erleben an ihrem Sterbebett hatte mich tief beeindruckt. Trotzdem hatte ich noch einige schwere Rückfälle. Es war im März 1955. Meine Frau lag mit einer Nervenentzündung im Bett. Es war alles so bitter, es schien so schwer für uns beide, wieder auf die Füße zu kommen und neu anzufangen. Da packte mich noch einmal das Verlangen nach Alkohol. Und ich ging los und fing an zu trinken. Ich saß da in der Wirtschaft und schüttete ein Glas nach dem anderen hinunter. Kopfschüttelnd kam die Wirtin an meinen Tisch.

,,Warum trinken Sie bloß so unsinnig in sich hinein?" fragte sie.

,,Weil ich mich tottrinken will", sagte ich.

,,Mann", sagte sie erschrocken, ,,seien Sie doch nicht so unvernünftig."

Das war das letzte Mal, daß ich getrunken habe.

Es kam der 23. März. Der Tag begann wie viele damals mit dem stillen Gebet um Freiheit und ein neues Leben. Ich ahnte am Morgen noch nicht, daß dies der Tag meiner Befreiung werden sollte.

Am frühen Nachmittag war ich mit meiner Frau zusammen im Wohnzimmer. Gemeinsam knieten wir nieder zum Gebet.

,,Herr Jesus", sagte ich, ,,nimm mich, wie ich bin. Ich verspreche dir nichts, was ich nun tun oder lassen will oder daß ich 'ne tolle fromme Kanone werde. Ich hab so viel versprochen und bin immer wieder gescheitert. Aber ich häng mich bei dir fest. Du hast gesagt, wer zu dir kommt, den stößt du nicht hinaus. Wen du frei machst, der ist recht frei. Ich klammere mich an deine Zusagen. Ich bin nicht mehr so hochmütig, als ob deine Versprechen nicht für mich gelten würden. Ich mache mein krankes Leben bei dir fest. Nimm mein Leben, wie es ist.''

Dann habe ich dem Herrn Jesus Christus alles gesagt, was mein Gewissen vor ihm und vor den Menschen belastete. Ich habe meine Sünden bekannt, alles was nicht gut war: Unredlichkeiten, Lügen, Ehebruch – alle Schuld vor Gott und den Menschen. In Gegenwart meiner Frau habe ich die Beichte abgelegt. Während ich so dem Herrn rückhaltlos mein Leben offenbarte, geschah etwas Wundersames. In mir wurde es still. Tiefer Friede zog in mein Herz. Ich wußte plötzlich: Der Kampf ist ausgekämpft. Ich bin nun Gottes Kind. Und ich muß nun nicht mehr trinken. Ich bin frei. Ich bin angenommen, so wie ich bin! Eine stille, tiefe Freude, die ich zuvor nie gekannt hatte, drängte mich, Gott zu danken und ihn zu loben. ,,Ich bin durch'', sagte ich zu meiner Frau, und dann fielen wir uns gegenseitig in die Arme.

Noch lange war ich vorsichtig mit meiner Freude. Ich hatte ja so viele Enttäuschungen mit mir selber erlebt. Ein paar Mal schon hatte ich in einem Hochgefühl gedacht: Jetzt bist du übern Berg. Und dann war's doch nicht so gewesen. Aber nun erlebte ich voll Staunen, daß es stimmte: ,,Wen der Sohn Gottes frei macht, der ist recht frei.''

Ich merkte, wie sich mein Denken und mein Verhalten änderten. Das war mir und ist mir noch heute unbegreiflich. So wie es mich früher hinausgezogen hatte aus meinem Haus, so war ich jetzt bemüht, immer pünktlich zu sein, damit meine Frau sich keine Sorgen zu machen brauchte. Früher hatte ich es als Zwang empfunden, nach Hause gehen zu müssen, und ich hatte es oft möglichst lange hinausgeschoben. Nun war's mir eine Freude. Früher hatte es mich in die Kneipen gezogen. Nun hatte ich keinerlei Verlangen mehr, in ein Lokal zu gehen. Wo ich früher ein Schlamper gewesen war in meinem Verhalten, alles versprochen hatte und nichts gehalten, da wurde ich jetzt pingelig genau. Wo Chaos gewesen war, kehrte wohltuende Ordnung ein. An die Stelle von krankhafter Verschwendung trat Verantwortung meiner Familie gegenüber.

Zu meinem neuen Verhalten gehörte es auch, daß ich nun gern Arm in Arm mit meiner Frau durchs Dorf ging. Das hätte ich früher nie getan. Ich hätte mich geniert, so mit ihr zusammen gesehen zu werden und ihr auf diese Weise eine Freude zu machen. Aber jetzt war es mit uns beiden ganz anders geworden. Es war wie am Anfang, als wir uns kennengelernt hatten und bis über beide Ohren verliebt gewesen waren. Wir waren einfach die glücklichsten Menschen, die man sich vorstellen kann.

Ein ganz großes Wunder ist mir bis heute, daß ich Liebe zur Wahrheit entwickelte. Ich hatte mich so ans Lügen gewöhnt, mein ganzes Leben war so davon durchdrungen gewesen, daß ich oft gar nicht mehr merkte, wenn ich die Unwahrheit sagte. Nun tat mir jede Unwahrhaftigkeit, jedes Übertreiben selber weh. Und ich habe die Sachen dann richtig gestellt und um Verzeihung gebeten.

Mein Leben wurde reich. Ich entdeckte die Schöpfung, entdeckte Farben und Formen, Blumen und Blüten, die gewaltige Schönheit der Berge, die Weite des Meeres mit der Pracht der Sonnenuntergänge. Ich entdeckte die Liebe. Ich begann zu leben, endlich richtig zu leben.

Unsere Familie blühte auf. Freude und Lachen kehrten in unser Haus ein. Wir fingen an, unsere freie Zeit gemeinsam zu gestalten, entdeckten gemeinsame Interessen, begannen, mit den Kindern zu spielen und zu lachen, erlebten gemeinsame Gottesdienste und gemeinsame Ferien.

Drei Kinder kamen zu unseren beiden „Großen" noch hinzu, zwei Mädchen und ein Sohn. Auch sie machten unser Leben reich.

Ich war noch nicht lange frei geworden, da erlebten wir noch etwas, das ich bis heute nicht begreifen kann. Der Postbote kam und brachte mir einen Brief von einer angesehenen Elektrofirma aus der nahen Kleinstadt. „Was wollen die denn von mir?" fragte ich mich, als ich den Absender las. Mein Gewissen regte sich. Hatte ich denen etwa durch irgendeine meiner unkontrollierten Handlungen in meiner Trinkzeit Schaden zugefügt? Mir war nichts bewußt. Zaudernd öffnete ich den Brief und begann zu lesen. Ich las ihn einmal, und ich las ihn noch einmal. Und dann lief ich zu meiner Frau.

„Lotte, schau, was ich hier habe", rief ich. „Ich habe ein Angebot. Sie wollen mich einstellen. Als Elektriker. In verantwortlicher Position!"

„Du bist nicht ganz gescheit!" sagte meine Frau. Dann las auch sie den Brief. Mit großen Augen sah sie mich an. „Wissen die denn nicht ...?" begann sie.

„Doch", nickte ich. „Sie müssen es wissen. Es ist ja weit und breit bekannt, wie ich getrunken habe."

Daß ich inzwischen freigeworden war, hatte sich noch längst nicht überall herumgesprochen. Sie mußten alles wissen, und trotzdem diese Anfrage.

„Es ist ein Wunder", sagte meine Frau. „Ein wirkliches Wunder."

Wir konnten nur staunen über so viel Güte Gottes an uns.

Bis heute kann ich mir nicht erklären, wieso ich damals dieses Angebot bekam. Natürlich sagte ich mit Freuden zu. Beim Einstellungsgespräch bekannte ich ganz offen, daß ich Alkoholiker sei, aber daß ich nun durch Gottes Gnade schon einige Zeit abstinent lebte. Ich bekam die

Stelle. Und ich bin bei der Firma geblieben, bis mich Jahre später das Blaue Kreuz als Sekretär in seinen Dienst holte.

Immer wieder wurde mir bewußt, was für ein unbeschreiblich kostbares Geschenk dieses neue Leben war, das Gott mir geschenkt hatte. Mir lag viel daran, daß mich aus der alten Zeit nichts mehr belasten konnte. Deshalb habe ich in einem etwa zweijährigen Prozeß mein Leben den Menschen gegenüber geordnet. Zunächst vor meiner Frau. Was hatte ich ihr in den vergangenen Jahren alles angetan! Schuld auf Schuld hatte ich ihr gegenüber auf mich gehäuft. Nun wollte ich sie um Verzeihung bitten. Aber ich wußte einfach nicht, wie ich es sagen konnte. Deshalb habe ich ihr einen Brief geschrieben. Da habe ich alles das aufgeschrieben, was Gott mir als Schuld meiner Frau gegenüber gezeigt hatte – es wurde eine lange, lange Liste. Vieles hatte sie gar nicht gewußt und gemerkt. Mit schlotternden Knien und bangem Herzen ging ich dann zu ihr ins Wohnzimmer und überreichte ihr den Brief.

,,Lotte'', sagte ich. ,,Ich habe dir in den letzten Jahren viel Böses und viel Leid angetan. Ich habe es hier alles aufgeschrieben. Es tut mir leid. Ich möchte dich um Vergebung bitten.''

Überrascht sah meine Frau mich an. Einen Augenblick blieb sie stumm. Dann nahm sie den Brief in die Hand, zerriß ihn und sagte:

,,Das interessiert mich überhaupt nicht, was in dem Brief steht. In meinem Herzen ist so große Freude über das, was Gott an dir und an uns getan hat. Jesus hat dir das alles vergeben. Mich interessiert's nicht mehr.''

Dann ging sie mit raschen Schritten zum Ofen hinüber.

,,Komm, schau her!'' sagte sie, machte die Ofentür auf und warf den langen, bitteren Brief ins Feuer. Ungelesen.

Mir war's, als fiele mir eine Zentnerlast von den Schultern.

Und so war mir noch oft, wenngleich davor manch demütigender, schwerer Weg lag. Wo ich unehrlich, unwahr, unhöflich gewesen war, bat ich um Vergebung. Das war nicht immer Honiglecken. Aber ich tat es aus der Freude über das unbegreifliche Geschenk des Friedens und der Freiheit. Auf keinen Fall wollte ich das durch ein belastetes Gewissen gefährden.

Zum Bürgermeister unseres Dorfes mußte ich gehen, weil ich ihm gegenüber unredlich gewesen war. Und ich mußte zum ersten Vorsitzenden unseres Sportvereins. Ich hatte ja lange die Vereinskasse verwaltet. Und als ich dann während meiner Trinkzeit immer mehr Geld für Alkohol brauchte, hatte ich Geld aus der Kasse genommen. Ich wußte innerlich, daß ich das in Ordnung bringen mußte, daß ich zu dem ersten Vorsitzenden gehen mußte. Er war in unserem Ort ein ziemlich einflußreicher Mann, und er war bekannt als ein sehr unbequemer, schwieriger Typ. Alle hatten Angst vor ihm, denn er war mürrisch und verschlossen und konnte sehr kurz angebunden sein und recht grob werden.

Diesem Mann gegenüber mußte ich also die Sache mit dem veruntreuten Geld bereinigen – dabei wußte er nicht einmal etwas davon. Er hatte ja nichts gemerkt.

,,Herr'', sagte ich im Gebet, ,,wenn das wirklich sein muß, dann gehe ich hin. Aber ich will das nicht aus mir heraus tun. Wenn es dein Wille ist, dann zeig mir ganz genau, wie und wann ich es machen soll. Ich möchte Wegweisung von dir.''

Irgendwo hatte ich den Hintergedanken, diese Wegweisung hoffentlich nie zu bekommen. Ein Jahr war darüber vergangen, und ich hatte das Ganze schon fast vergessen. Ich saß zu Hause gemütlich auf dem Sofa. Da hörte ich in mir ganz deutlich eine Stimme: ,,Steh auf, zieh die Schuhe an, nimm das Geld und geh zu ihm!''

,,Gut'', dachte ich mir, ,,dann gehst du jetzt eben.'' Mein Herz hat zwar geklopft vor Aufregung und Angst, aber ich hab mich auf den Weg gemacht. Doch je näher ich seinem Haus kam, desto bedrängender wurden meine Zweifel. War das wirklich Gottes Wille? Hatte ich mir nicht nur etwas eingebildet, als ich glaubte, diese Stimme zu hören? Mein Mut schmolz immer mehr zusammen, aber meine Füße gingen trotzdem wie von alleine immer weiter. Unversehens war ich schon vor seiner Tür angelangt und hatte angeklopft.

,,Herein!'' hörte ich seine donnernde Stimme von drinnen. Und dann stand ich vor ihm und habe meine Sache vorgebracht und das Geld auf den Tisch gelegt.

,,Es tut mir heute alles leid'', sagte ich. ,,Vergib mir bitte. Hier ist das Geld. Ich zahl's zurück.''

Und dieser als barsch und unbequem verschrieene Mann sah mich nur an, schob mir das Geld zurück und sagte:

,,Es ist gut. Ich will dein Geld nicht haben. Nimm's wieder mit.''

,,Ich will's auch nicht mehr haben'', erwiderte ich. ,,Es ist unrechtes Gut. Da liegt kein Segen drauf.''

,,Du hast Kinder. Gib's denen'', sagte er, und dann stand er hinter seinem Schreibtisch auf und fuhr fort: ,,Ernst, geh heim im Frieden. Es ist alles in Ordnung.''

Als ich wieder draußen stand, hätte ich zugleich lachen und weinen mögen vor Freude und Erleichterung. ,,Danke, Herr, für dieses Wunder'', betete ich still in meinem Herzen.

Noch viele solcher Wege mußte ich gehen. Und manchmal wollte es mir zuviel werden. Aber dann überwog wieder meine Freude darüber, daß Gott mir dieses neue, befreite Leben geschenkt hatte. Deshalb wollte ich alles ablegen und bereinigen, was mich von meinem alten Leben her noch hätte belasten können. Jedesmal, wenn ich wieder einen solchen Schritt hinter mir hatte, erfüllte mich eine unbeschreibliche Freude, und ich spürte fast körperlich die Befreiung von alten Lasten. Und eines Tages wußte ich, daß ich nun nicht mehr zurückzublicken brauchte, daß ich mit Gottes Hilfe meinen Rücken frei bekommen hatte von allem Vergangenen, daß ich nun nach vorne leben konnte.

Ein Wort aus der Bibel habe ich in jener Zeit ganz plastisch an mir selbst erfahren: ,,Wenn jemandes Wege dem Herrn wohlgefallen, dann macht er auch seine Feinde mit ihm zufrieden'' (Sprüche 16, 7).

Es gab da jemanden, der war sehr schlecht auf mich zu sprechen, und er hatte recht damit. Das war der erste Vorsitzende des Elektrizitätsverbandes, der ganz Franken mit Energie versorgte. Während meiner Trinkzeit hatte ich, um zu Geld zu kommen, jede Arbeit angenommen, die ich nur kriegen konnte. Und ich hatte es dabei nicht immer so genau genommen mit den verschiedenen Sicherheitsvorschriften und Auflagen, die der Energieversorgungsverband machte. Ohne Genehmigung hatte ich elektrische Anlagen gebaut, wenn man mich nur gut bezahlte. Vom Verband aus war man dahintergekommen und verständlicherweise stocksauer auf mich. Man hätte mir von dort sogar ganz schön etwas anhängen können. Eines Tages war ich für meine neue Firma irgendwo im Lande unterwegs, als ich unversehens jenen ersten Vorsitzenden des Energieversorgungsverbandes traf, wie er gerade aus seinem Auto stieg. Wie ein Blitz fuhr es mir in die Glieder, als ich ihn erkannte, und ich wußte sofort: Jetzt mußt du hin. Mit klopfendem Herzen trat ich auf ihn zu und sagte:

,,Herr X, ich bitte um ein Gespräch."

Erstaunt und skeptisch sah er mich an. ,,Und worüber?" fragte er.

,,Ich möchte Sie um Vergebung bitten. Ich habe Ihrem Unternehmen gegenüber Unrecht getan und ihm geschadet. Das tut mir heute leid, und ich möchte dafür um Verzeihung bitten. Ich habe mit Gottes Hilfe ein neues Leben angefangen, und ich brauche diese krummen Touren jetzt nicht mehr zu machen."

Da sah mich dieser hochgestellte Herr voller Verwunderung an und sagte:

,,Herr Rienecker, das war tatsächlich eine böse Geschichte mit Ihnen. Aber ich freue mich, und ich spür's Ihnen ab, daß bei Ihnen wirklich etwas anders geworden ist."

Von dem Tag an zeigte er mir gegenüber stets große Hochachtung, wenn wir uns irgendwo wieder einmal begegneten. Und mein Herz hat immer freudig geklopft, wenn ich ihn sah oder mit ihm sprach. So habe ich buchstäblich erlebt, was in der Bibel steht.

Und ich habe auch erfahren, daß Gott treue und verantwortungsvolle Arbeit segnet. Ich war ja durch ein Wunder wieder in meinen Beruf hineingekommen. Nun wollte ich durch gewissenhafte Arbeit Gott ehren. Ich war häufig im Außendienst eingesetzt. In dem großen Kundenkreis, den ich zu betreuen hatte, kam ich mit vielen Menschen zusammen. Da lagen mein Leben und mein Verhalten und auch meine Arbeitspraktiken auf dem Präsentierteller. Und wirklich merkten die Leute bald, daß ich auch im Blick auf meine Einstellung zur Arbeit neu geworden war. Denn ich tat nun alles, um meine Terminzusagen zu halten. Und ich bemühte mich, absolut ehrlich zu sein – der Firma gegenüber und auch den Kunden gegenüber. Die Kilometer, die ich fuhr, habe ich genau aufgeschrieben, und meine Arbeitszeit, die ich abrechnete, lieber abgerundet als aufgerundet.

Das fiel natürlich in der Firma auf, und der Chef sprach mich daraufhin an. Da blieb mir nichts anderes übrig, als ihm zu erklären, wie ich die Dinge sah. Ich war überzeugt, daß es sich nicht auszahlte, wenn man den Kunden zuviel Geld aus der Tasche zog, weil Gott so etwas nicht segnet, und daß es deshalb auch geschäftlich besser ist, wenn man nur das berechnet, was wirklich an Kosten und Arbeitslohn entstanden ist. Ich jedenfalls wollte kein unehrliches Geld verdienen. Ich wußte genau, daß ich mit einem belasteten Gewissen nur zu leicht der alten Versuchung, wieder mit dem Trinken anzufangen, erliegen würde. Das wollte ich um keinen Preis riskieren. Darüber sprach ich mit meinem Chef, und er akzeptierte meine Haltung. Denn er wußte, daß er sich auf mich verlassen konnte.

Auch das war ein Wunder: Ich war zu einem geworden, auf den man sich verlassen konnte.

Kapitel 10:
Weitersagen

Ein Jahr war vergangen. Gleich nachdem ich frei geworden war, hatte ich eine Erklärung unterschrieben, daß ich
mich verpflichtete, von nun an keinen Alkohol mehr zu
trinken. Und mit Gottes Hilfe hatte ich dieses Versprechen auch gehalten. Da kam eines Tages Schwester Elise
zu mir, eine Diakonisse, die bei uns in der Landeskirchlichen Gemeinschaft Bibelstunden hielt:

,,Bruder Rienecker, Sie sind doch nun ein Jahr auf dem
neuen Weg'', sagte sie. ,,Sie haben sich bekehrt und haben durch Jesus Befreiung erfahren. Nun ist es doch Zeit,
daß Sie Mitglied werden im Blauen Kreuz.''

Der Blaukreuzverein Würzburg hatte sich schon während meiner Trinkzeit sehr um mich bemüht. Viele hatten
dort für mich gebetet. Am folgenden Sonntag sollte der
Landesvorsitzende des Blauen Kreuzes für Bayern, Ober-
postamtmann Max Walchshöfer, die Blaukreuzstunde
halten. Dazu lud mich Schwester Elise ein.

Ich hatte Max Walchshöfer schon früher einmal bei einer Veranstaltung gehört, und es imponierte mir mächtig,
daß er als ein so hoher Beamter im Land herumreiste und
Blaukreuzstunden hielt. So fuhr ich also am Sonntag nach
Würzburg.

Noch vor Beginn der Stunde, als wir so zusammenstan-
den und uns unterhielten, kam er auf mich zu. Man hatte
ihm schon manches über mich erzählt, aber nun wollte er
von mir selber hören, wie Gott an mir gehandelt hatte. Da
erzählte ich ihm, so gut ich konnte, mit wenigen Worten
meine Geschichte.

,,Herr Rienecker'', sagte er, als ich geendet hatte, ,,das

ist klar: Sie sind wiedergeboren zu einem neuen Leben, Sie sind Gottes Kind. Und weil ich auch Gottes Kind bin, sind wir ja Brüder. Deshalb möchte ich, daß wir auch ‚du' zueinander sagen. Willst du?''

Mir verschlug es die Sprache. So einen Empfang hatte ich nicht erwartet. Da fuhr Max Walchshöfer schon fort:

,,Meinst du nicht, es wäre heute an der Zeit, daß du uns allen erzählst, was Gott an dir getan hat?''

Ich erschrak zutiefst. An alles hatte ich gedacht, an so etwas nicht.

,,Das hab ich noch nie gemacht'', wollte ich abwehren.

,,Das macht nichts'', erwiderte er. ,,Einmal mußt du beginnen. Ich denke, es wär heute der rechte Tag.''

Und so stand ich kurz darauf vor den anderen. Der Schweiß brach mir aus, als ich sie da sitzen sah. Wie sollte ich bloß anfangen?

,,Also, ich soll erzählen, wie ich frei geworden bin.''

Pause. Erwartungsvoll schauten die anderen zu mir auf.

,,Ich hab' das noch nie vor so vielen gemacht.''

Pause. Verzweifelt versuchte ich, den Kloß in meinem Hals hinunterzuschlucken. Dann holte ich nochmal tief Luft und versuchte einen neuen Anlauf.

,,Und es gibt auch eigentlich gar nichts Besonderes zu erzählen von mir.''

Pause. Also, was wollte ich nun eigentlich sagen? Ach ja, das war's: ,,Ja, aber von Jesus. Er hat wirklich etwas Besonderes gemacht.''

Nun war ich endlich in Schwung. Und so hab ich erzählt, wie Jesus mich herausgeholt hatte aus dem Elend meines Lebens, wie er mich befreit hatte von meiner großen Not, dem Alkoholismus, und wie er meinem kranken Leben eine neue Ausrichtung gegeben hatte. Erschöpft setzte ich mich auf einen Platz, als ich fertig war. Mein

Hemd war naßgeschwitzt, aber in mir war eine tiefe Freude: Ich hatte von meinem Herrn erzählen dürfen.

Bald machte ich die Erfahrung, daß es auch für mich selbst gut war, von dem zu erzählen, was Jesus an mir getan hatte, denn es half mir, in meiner neu gewonnenen Freiheit immer fester zu werden.

Aber ich wollte meinen Herrn nicht nur vor den Frommen bezeugen, die alle schön dasaßen und mit dem Kopf nickten. Es sollten auch die hören, die noch nichts mit dem Glauben anfangen konnten, meine alten Freunde, meine Dorfnachbarn und die Leute, denen ich bei meiner Berufsarbeit begegnete. Nur wurde mir da mein Zeugnis oft nicht so glatt abgenommen. Manche ließen das, was ich sagte, erst gar nicht an sich herankommen. Sie hatten so die Vorstellung, ein Trinker wäre ein asozialer, dreckiger Typ, ein charakterloser, willenloser Schwächling. In einer anständigen, soliden Familie könne es so was nicht geben. Deshalb paßte ich nicht in ihr Bild. Daß es Alkoholiker in allen Gesellschaftsschichten gibt, konnten sie sich nicht vorstellen.

Bis heute machen es solche Vorurteile den Betroffenen und ihren Familien schwer, ihre Scham zu überwinden und sich zu ihren Problemen zu stellen. Es hindert sie, aus ihrer Isolation herauszutreten und sich rechtzeitig Informationen zum Thema Sucht zu beschaffen, Beratung zu suchen und Hilfe anzunehmen. Unkenntnis und Unverstand verstärken ihre Abwehr und erschweren den Zugang zu ihnen.

Da wollte ich nicht mitspielen. Deshalb wurde ich aktiv und bekannte mich, wo man mich darauf ansprach, immer offen zu meinem Problem. So lud ich die heranwachsenden jungen Männer meines Dorfes zu Informationsabenden über Glaubens- und Lebensfragen ein – und da wurde natürlich auch übers Trinken gesprochen. Sie kamen alle, ausnahmslos. Heute sind die jungen Burschen von damals längst erwachsen. Sie sind Familienväter, Doktoren, Ingenieure oder Hofbesitzer. Aber die Echos auf diese Abende erreichen uns heute noch.

Manche Gelegenheiten, meinen Herrn zu bezeugen, ergaben sich mehr zufällig. Einmal war ich in meiner Mittagspause von der Firma aus zum Friedhof hinüber gegangen. Das war ein schönes ruhiges Plätzchen. Wie ich über den Friedhof lief, traf ich auf einen Totengräber, der gerade ein Grab ausschaufelte.

,,Na, du hast vielleicht eine Beschäftigung'', sprach ich ihn an.

,,Jedenfalls eine sichere'', witzelte er. ,,Hier geht die Arbeit nicht aus. Hier kommt jeder mal hin.''

,,Stimmt'', sagte ich, ,,ich auch und du auch. Und am jüngsten Tag, da werden wir alle wieder auferstehen, und dann kommt das Gericht Gottes. So steht's in der Bibel.''

Da schaute er mich auf seine Schaufel gestützt spöttisch grinsend von unten herauf an und sagte:

,,Eingegraben habe ich hier schon viele. Aber auferstanden ist noch keiner.''

Noch lange ging mir dieses eigentümliche Gespräch durch den Kopf. Wenige Tage später schlenderte ich wieder in meiner Mittagspause über den Friedhof. Da sah ich den Mann am hellen Tage betrunken unter einer blühenden Rosenhecke liegen. Mir wurde klar: ,,Hier hast du einen Auftrag.'' Ich erkundigte mich nach der Anschrift des Totengräbers und brachte ihm von da an regelmäßig das missionarische Verteilblatt des Blauen Kreuzes, ,,Rettung'', ins Haus. Monate später standen meine Frau und ich wieder einmal vor seiner Haustür, um das Blatt abzugeben. Da öffnete uns eine ältere Frau. Als sie das Blättchen in meiner Hand erkannte, ging auf einmal ein Leuchten über ihr Gesicht.

,,Bei uns ist es jetzt alle Tage wie Weihnacht", sagte sie. ,,Seit wir die ,Rettung' bekommen, trinkt mein Mann nicht mehr."

Unsere Bemühungen, Menschen Hilfe anzubieten, zeigten freilich nicht immer solch guten Ausgang. Wenn uns dann einmal der Mut ausgehen wollte, dann erinnerte ich mich daran, daß ich ja auch einmal ein ,,hoffnungsloser Fall" gewesen war.

Außerdem hatte ich mir inzwischen einiges an Wissen angeeignet: Biblisches Wissen über das Leben mit Jesus und fachliches Wissen über Ursachen, verschiedene Ausprägungen und Heilungsmöglichkeiten der Alkoholerkrankung. Das war für mich selbst wertvoll, aber auch für meinen Umgang mit Suchtkranken und ihren Angehörigen.

Von dem Tag an, als Jesus mich befreit hatte, war ein ungeheurer Informationshunger in mir erwacht. Ich wollte mehr erfahren vom Glauben und vom Leben mit Jesus. Mit gespannter Aufmerksamkeit las ich deshalb in der Bibel, nahm an Gottesdiensten und Blaukreuzveranstaltungen teil. Immer wieder ging mir da auf, was für ein wertvolles Geschenk es war, daß Gott mir alle meine Schuld vergeben hatte, daß ich durch seine Gnade vor ihm dastand, als wäre nie etwas gewesen.

Mich interessierte aber auch die menschliche Seite meiner Probleme. Deshalb besorgte ich mir alle damals verfügbare Literatur zum Thema Alkoholismus und nahm dankbar jede gute, fachliche Information auf. So gewann ich immer mehr Klarheit im Blick auf meine vielen Fragen: Hatte der Alkohol einen schlechten Menschen aus mir gemacht? Oder hatte er nur aus mir herausgeschwemmt, was schon vorher an Bosheit und Schlechtigkeit in mir geschlummert hatte? War mein Ausweichverhalten in schwierigen Situationen Ursache oder Folge meiner Alkoholerkrankung? Warum war ich manchmal so empfindlich, so rasch beleidigt? Warum hatte ich solche Angst vor Konflikten, daß ich ihnen, wo ich nur konnte, aus dem Weg ging? Warum zog ich mich so leicht in mich selbst zurück, ließ keinen mehr an mich herankommen und schwieg meine Umgebung nur noch an? Warum reagierte ich nicht so, wie es dem Worte Gottes gemäß gewesen wäre und wie man es von einem erwachsenen, gesunden Mann eigentlich erwarten konnte? Was für ein Schema lief in mir ab?

Bald wurde mir bewußt, daß die Stunde der Befreiung vom Zwang des Trinkenmüssens nur der Anfang zu einem notwendigen Wachstumsprozeß gewesen war: Ich mußte lernen, in meinem neuen Leben zu bestehen, neues Verhalten einzuüben, neue Gewohnheiten auszuprägen.

Besonders schwer fiel mir das, wenn ich irgendwie gestreßt war, wenn ich müde war, wenn es Ärger in der Firma gegeben hatte oder Sorgen mit den Kindern oder wenn ich nicht im Mittelpunkt des Interesses stand, in einer weichen, verwöhnenden Mitte. Ich merkte, wie leicht ich dann wieder in alte Verhaltensmuster zurückfiel, wieder empfindlich reagierte und schnell beleidigt war. Und mir wurde bewußt, daß das alles vergebungs- und heilungsbedürftig war.

Mich diesem Heilungsprozeß zu stellen, fiel mir nicht immer leicht. Aber Gott führte mich so, wie ich das verkraften konnte, Schritt für Schritt hindurch – er tut es heute noch. Er ermutigte mich durch frohmachende Erlebnisse und setzte mich Belastungen aus – beispielsweise durch schwere, manchmal lebensbedrohliche Erkrankungen meiner Frau.

Die vielen Jahre äußerster seelischer und körperlicher Anspannung hatten ihre gesundheitlichen Kräfte aufgezehrt. Nun, wo die Belastung von ihr abfiel, wurde sie mehrmals schwer krank. Ich weiß noch, wie mir an einem Ostersamstag der Arzt sagte: ,,Wir hoffen, daß wir Ihre Frau noch lebend über das Auferstehungsfest bekommen.'' Daß meine Frau doch wieder gesund wurde, sahen auch die Ärzte als Wunder an.

Aber auch Höhepunkte gab es. So zum Beispiel, als wir als ganze Familie in den Ferien in die Berge fahren konnten. Nach den vielen Jahren, wo wir am Rande des Existenzminimums gelebt hatten, war das nun möglich geworden.

Schweres und Frohmachendes waren Diener Gottes, die dazu beitrugen, daß mein Glaube und meine Abstinenz ein realistisches, stabiles Fundament erhielten.

Meine Frau und ich haben uns damals viel Zeit genommen, um über alle unsere Fragen und Probleme zu sprechen. Dabei wurde deutlich, daß nicht nur ich falsches, krankes Verhalten zeigte, sondern daß auch meine Frau Defizite hatte und Heilung brauchte. Das alles haben wir miteinander besprochen, wir haben darüber gebetet und seelsorgliche Hilfe angenommen. Und wir haben einander sehr oft um Verzeihung bitten müssen: ,,Vergib mir. Das war nicht recht, mein Verhalten.''

Ein Wort des Apostels Paulus ist mir in jener Zeit zum Begleiter geworden: ,,Verändert euch durch Erneuerung eures Sinnes!'' Immer wieder spornte diese Aufforderung mich an. Der barmherzige und gütige Gott hatte mir das Geschenk der Freiheit von der Sucht gegeben. Ich war sein Kind und gehörte zu seiner Gemeinde. Und ich merkte auch, daß ich belastbarer geworden war. Aber meine kranke, anfällige Lebensstruktur war weiterhin auf Dauertherapie, auf Erneuerung und Veränderung angewiesen.

Das nicht aus den Augen zu verlieren, war für mein persönliches Leben genauso wichtig wie für meinen Umgang und meine Kontakte mit anderen Suchtkranken. Ich wußte: So wie Jesus mich befreit und bei mir den Prozeß einer Umwandlung von innen her in Gang gebracht hatte und in Gang hielt, so wollte er das auch bei anderen tun. Von seiner Liebe und seiner Geduld und seiner Kraft konnte und wollte ich anderen weitersagen.

Kapitel 11:
Gegenwind

Ein öffentlich bekannter Trinker war ich gewesen, und öffentlich bekannte ich jetzt auch, daß ich nun nichts Alkoholisches mehr trank, weil ich mir nur so die Freiheit erhalten konnte, in die Jesus mich gestellt hatte.

Das paßte freilich vielen nicht, denn es war ihnen eine ständige Mahnung, und mancher versuchte, mich zurückzubekehren ins alte Leben.

Da gab's unterschiedliche Anlässe. So hatte ich in meiner Firma viel im Außendienst zu tun, und hin und wieder mußte ich auch mal in einer der Gaststätten arbeiten, in denen ich früher verkehrt hatte. Mit den Wirten gab es da keine Probleme. Ich war überall hingegangen und hatte gesagt, daß ich nur noch Alkoholfreies trinke. Das akzeptierten sie. Aber da waren auch noch die Gäste – sie kannten mich ja von früher her. Einmal mußte ich meine Mittagspause in einer Gastwirtschaft verbringen, und da saßen gerade so zehn, zwölf Maurer und ihr Anhang im Schankraum. Die fuhren einen Großangriff.

,,Schaut euch das an!'' legte einer los. ,,Ist das nicht der Ernst? Seht mal, was der trinkt! Wasser, nichts als Wasser!''

,,Armer Ernst'', machte ein anderer weiter. ,,Kannst du dir kein Bier mehr leisten? Komm, Mann, ich geb dir eins aus!''

,,Danke bestens, ich trinke kein Bier mehr. Und überhaupt keinen Alkohol'', sagte ich.

,,Ja denkst du denn, das Zeug wär giftig geworden? Komm rüber! Trink mit uns!'' versuchte einer mich zu überreden.

Als ich festblieb, fingen sie an, mich zu hänseln.

,,Nein, Jungs, wir haben uns vertan. Das ist gar nicht der Ernst. Der Ernst, das war ein Mann, wenn er auch ein Säufer war. Aber das da, das ist nur eine Memme.''

,,Ein Schwächling. Ein willenloser Schwächling.''

,,Ja, das kommt, weil er jetzt so fromm geworden ist. So sind sie alle, diese Gebetbuchklapperer: charakterlose Feiglinge.''

Ich hab mir das in aller Ruhe angehört, bis ihnen die Vokabeln ausgegangen waren. Und dann habe ich gesagt:

,,Ihr seid doch alle Christen, oder? Ich weiß nicht, seid ihr katholisch oder evangelisch? Freut ihr euch nicht mit, wenn einer aus diesem Höllenelend der Sauferei zur Freiheit kommt? Ich versteh euch gut, daß euch das Schwierigkeiten macht, meine Abstinenz. Aber mir geht es recht gut dabei.''

Da ließen sie mich in Ruhe.

Ein anderes Mal hatte ich auf einem Bauernhof zu tun. Der Hofbesitzer ließ mir einen doppelten Kognac einschenken, hielt ihn mir vor die Nase und sagte: ,,Ich befehle dir jetzt, daß du den trinkst.''

,,Ich trinke nicht'', erwiderte ich ihm ruhig.

,,Und ich sage, du trinkst ihn. Hier auf dem Hof bestimme ich. Los! Trink!'' polterte er.

,,Und ich trinke nicht!''

Da wurde er fast handgreiflich. Aber ich blieb ruhig vor ihm stehen und sagte: ,,Wenn du mich nicht in Ruhe läßt, wirst du morgen zum Zahnarzt müssen.''

Da hat er mich nur noch groß angeguckt und ist kopfschüttelnd und vor sich hin schimpfend weggegangen.

Aber gefährlicher als solche Grobheiten war eigentlich das Schmeichlerische. Bei Grobheiten hat man was zum Anpacken, dagegen kann man sich wehren. Aber wenn einer meiner alten Kameraden ankam und sagte: ,,Komm,

Ernst, ich tu dir einen aus. Bist doch immer 'n guter Kumpel gewesen'' – dann war's manchmal schon schwer, nein zu sagen. Denn ein guter Kumpel wollte ich gern immer noch sein. Doch wenn das nur mit Alkohol ging, dann mußte ich da eben passen.

Die gefährlichste Bedrohung meines neuen Lebens und meiner Freiheit kam aber nicht von außen, sie kam aus mir selbst, aus meinem eigenen Inneren. Vier Jahre waren vergangen. Die erste große Freudenwelle über das neugeschenkte Leben war abgeebbt. Unser Leben hatte sich normalisiert. Da zeigten sich bei mir die ersten Abnutzungserscheinungen. Abstinent zu leben war für mich alltäglich geworden.

Die Streicheleinheiten: ,,Das hast du alles prima geschafft!'' nahmen ab und blieben schließlich ganz aus. Schlimmer aber war – es gab keinen echten, harten Widerstand mehr. Alles lief glatt. Zu glatt! Sicherlich – ich las noch im Wort Gottes und ging noch in den Gottesdienst und in die Blaukreuzstunde, aber nicht mehr in der Erwartungsfreude, die mich anfangs erfüllt hatte, nicht mehr mit dem brennenden Verlangen, möglichst viel von Gottes Wort aufzunehmen, sondern mehr pflichtgemäß. Ich zehrte zwar noch von meinen Erinnerungen, aber ich fühlte mich nicht mehr täglich neu beschenkt. Ich war leer und ausgebrannt.

Zugleich merkte ich, wie auch meine nervlichen Kräfte immer mehr nachließen und wie mein altes Leben wieder verstärkt anfing, hervorzukommen. Ich wurde unwirsch den Kunden gegenüber und versuchte, mich mit Halbwahrheiten aus schwierigen beruflichen Situationen herauszuwinden, statt mich den Konflikten zu stellen.

Auch familiär wurde ich weniger belastbar. Mich erfüllte eine wachsende Unruhe, ich wurde ungeduldig und rechthaberisch. Aus der Tiefe meines Wesens tauchten die alten Plagegeister wieder auf: Angst, Mißtrauen, Minderwertigkeitsgefühle, Hemmungen, Empfindlichkeit und Ausweichverhalten, all diese Dinge, die als Grundstörung meines seelischen Gefüges zu meiner Alkoholerkrankung geführt hatten.

Ein sicheres Zeichen dafür, daß es mir nicht gutging, war immer, daß dann meine Gesprächsbereitschaft enorm blockiert war. Weder Freude noch Ärger konnte ich in Worten äußern. Ich wurde der große Stumme im Haus. Meine Frau versuchte dann manchmal, mein Schweigen zu durchbrechen.

,,Du hast wieder was. Sei so gut, sag mir's.''

,,Ach, ich hab nichts.''

,,Doch, du hast was. Ich seh es an deiner weißen Nase. Dich drückt der Schuh wieder irgendwo.''

Wo der Schuh mich nun drückte, das wußte ich in solchen Situationen manchmal selbst nicht recht zu sagen. Da war nur ein tiefes Unbehagen, das Gefühl: ,,Die Richtung, in der du lebst, die stimmt nicht mehr. Du lebst wie auf dünnem Eis. Paß auf, daß du nicht einbrichst. Wenn jetzt noch was dazukommt ...''

Und dann kam wirklich noch etwas hinzu, und das hätte mich beinahe umgeworfen. Da waren Menschen, denen ich vertraut hatte. Und die enttäuschten mich nun schwer. So schwer, daß ich's gar nicht fassen konnte, es erst gar nicht wahrhaben wollte. Aber es war doch wahr.

Mit dem Kopf zu wissen, daß die anderen Christen, die Schwestern und Brüder in der Gemeinde auch nur Menschen sind und deshalb auch Fehler machen, das ist was ganz anderes, als so etwas dann am eigenen Leibe zu erfahren. Grad weil man sich in der Gemeinde so nahe steht, weil man einander liebhat, tut's ja besonders weh. Mir war's, als wäre mir alles zerschlagen, mein Glaube, die Freude an meinem neuen Leben, alles. Lebte es sich nicht doch bequemer, wenn man sich einfach mit Alkohol vollaufen ließ und dann alles vergaß?

Ich war zu Hause im Wohnzimmer, während mir das alles durch den Kopf ging. In stummer Wut wanderte ich auf und ab. Schlimme Gedanken und Vorstellungen stiegen in mir auf. ,,Jetzt nimmst du dein Geld, und dann säufst du dir einen. Und dann gehst du zu ihnen hin. Wär doch gelacht, wenn du die nicht fertigmachen könntest, wenn du die nicht kleinkriegtest.''

Ich steckte, was an Bargeld im Hause war, in meine Gesäßtasche und wollte gerade rausgehen. Da kam meine Frau ins Zimmer. Sie spürte die Spannung, unter der ich stand.

,,Ernst, was hast du vor?'' fragte sie, als ich mich wortlos an ihr vorbeidrücken wollte.

Da war mir, als ob ich auf einmal aus einem Rausch aufwachte. Ja, was hatte ich eigentlich vor? Mit einem Schlag war meine Wut verraucht. Ich war nur noch traurig und unendlich müde. Ich schaute meiner Frau in die fragenden Augen und sagte: ,,Nichts. Ich hab nichts vor.''

Dann legte ich das Geld wieder an seinen Platz und ging hinaus. Ich ging zu jemandem, dem ich vertrauen konnte. Da sprach ich mich aus, und da weinte ich mich auch aus. Da habe ich Gott meine Schuld bekannt und um Vergebung gebeten. Gewiß, andere waren auch schuldig geworden. Aber nun, wo ich vor Gott stand, ging's nur noch um meine Schuld. Da konnte ich nicht jemand anders den Schwarzen Peter zuschieben.

Ich sprach mit Gott über meinen abgeschlafften Zustand, der letztlich dazu geführt hatte, daß ich gerade so haarscharf am Abgrund entlang geschlittert war. Ich sprach mit ihm über meine bösen Gedanken und Pläne. Und ich war noch im Nachhinein erschrocken über das, was da aus mir hervorgebrochen war, über den Haß, die sinnlose Wut, das unbändige Verlangen, wieder zu trinken und dann die anderen fertigzumachen. Ich war froh, daß Gott mich davor bewahrt hatte, das in die Tat umzusetzen. Das alles sagte ich ihm. Und ich habe ihn um Vergebung gebeten.

Da erfuhr ich, wie Gott durch sein Wort wieder zu mir sprach: ,,Fürchte dich nicht, denn ich habe dich erlöst, ich habe dich bei deinem Namen gerufen, du bist mein. Wenn du durchs Wasser gehst, werde ich bei dir sein, damit dich die Ströme nicht ersäufen, und wenn du ins Feuer gehst, sollst du nicht brennen und die Flamme soll dich nicht versengen. Denn ich bin der Herr, dein Gott, dein Heiland.'' Ich merkte, daß Gott mir diese Verse aus der Bibel ganz persönlich zusprach.

Da fühlte ich mich unendlich erleichtert. Gott hatte mich festgehalten gerade in dem Augenblick, wo ich nahe daran gewesen war, in den alten Abgrund zu fallen. Er hatte mir vergeben und mein Leben wieder reingemacht. Ich wußte nun: Auch mit den Abgründen meiner Seele, mit den Unwägbarkeiten meines Wesens, mit meiner depressiven Struktur war ich nicht allein. Wenn ich mich selbst nicht mehr halten konnte, hielt er mich fest. So kam ich heil und nüchtern durch die schwere Zeit hindurch.

Es war nicht die einzige Krise, die ich durchmachte. Ich war ja nach wie vor in meiner seelischen Struktur anfällig. Wenn dann Belastungen in der Familie oder im Beruf dazukamen oder Krankheiten, dann wurde der Innendruck manchmal gefährlich hoch, das Verlangen nach Druckerleichterung immer mächtiger. Und dann war die Versuchung groß, den alten Weg zu gehen, wieder zum Alkohol zu greifen. In solchen Situationen habe ich Gottes Verheißungen als bewahrende und helfende Elemente erlebt. Daran konnte ich mich festhalten. Ich wußte, daß das Bibelwort wahr ist: ,,Der Herr hält alle, die da fallen, und richtet alle auf, die niedergeschlagen sind.''

Gott hielt mich fest durch sein Wort. Er hielt mich durch die Gemeinschaft mit anderen Christen in der Gemeinde, durch die Gesprächsrunden bei den Blaukreuzstunden, durch Mitglaubende, die für mich beteten. So fand ich immer wieder aus meiner gefährlichen Selbstisolation heraus zum Gespräch mit Lotte, meiner Frau, mit erfahrenen Freunden, mit meinem Seelsorger. Und so habe ich mit meiner schwachen, labilen Grundstruktur nüchtern überlebt. So habe ich erfahren, wie Gott mein Leben reich und wertvoll gemacht hat – für mich selbst und für andere.

*Gott hat mein Leben wertvoll gemacht – das ist die Ant-
wort auf meine selbstgestellten Fragen. Ich bin nicht besser als andere Menschen, und ich bin in meinem Leben
durch unheimliche Tiefen gegangen. Und doch ist da etwas Besonderes, denn Jesus ist in mein Leben gekommen,
als ich ihn um Hilfe bat. Und er hat mich frei gemacht
und mich Schritt für Schritt von innen her erneuert und
verwandelt.*

*Während mir diese Gedanken durch den Kopf gehen,
wache ich langsam aus meiner Versunkenheit wieder auf,
die fernen Tage mit all ihrem Erleben verblassen. Ich neh-
me meine Umgebung wieder wahr: die vertrauten Büsche
und Rasenflächen von meinem täglichen Spazierweg, die
wärmenden Sonnenstrahlen. Während ich zur Klinik zu-
rückschlendere, geht mir noch eine kleine Begebenheit aus
unserer Familie durch den Sinn.*

*Ich hatte, nachdem ich vom Alkohol frei geworden
war, bei unserem Hauseingang ein selbstgemaltes Schildchen angebracht mit der Aufschrift: ,,Hier wohnte einst
ein Trinker. Jetzt durch Gottes Gnade zwei errettete Sünder." Die zwei erretteten Sünder, das waren meine Frau
und ich. Sie hatte zwar nicht getrunken, aber Gottes Gnade hatte auch sie nötig gehabt und angenommen.*

*Vor diesem Schild stand eines Tages unser zweiter Sohn
– er war damals so sieben, acht Jahre alt. Unwillkürlich
huscht mir ein Lächeln übers Gesicht, als ich mich jetzt
daran erinnere, wie der Junge da wohl zum ersten Mal jenes Schildchen mit Bewußtsein las. Und dann wiegte er
ernsthaft sein Haupt hin und her und fragte: ,,In unserem
Haus hat mal ein Trinker gewohnt? In welchem Jahrhun-
dert war das denn?"*

In gleicher Ausstattung wie das vorliegende Taschenbuch sind erschienen:

Werner Loosen, Neuanfang
Sechs Monate in einer Fachklinik für Alkoholkranke
80 Seiten, DM 7,80 / Fr. 6,80

Der Autor läßt den Leser in sein Tagebuch über den Aufenthalt in einer Fachklinik für Alkoholkranke blicken. Er sammelt eine Menge von Erfahrungen und Erkenntnissen.

Hans-Dieter Wallburg, Mein Weg aus der Nacht
Die Geschichte eines Alkoholabhängigen
104 Seiten, DM 8,80 / Fr. 8,80

Der Verfasser beschreibt seinen Weg vom verwahrlosten Trinker zum heute nüchternen, bekennenden Christen. Dabei werden Stationen wie Psychiatrie und Haft nicht ausgespart.

Verena Ammassari, Komm, wir fangen noch mal an
Eine Ehe in der Zerreißprobe
78 Seiten, Taschenbuch, DM 7,80 / Fr. 6,80

Wenn die Ehefrau ihre Alkoholabhängigkeit nicht wahrhaben will, wird es auch für den geduldigsten Ehemann immer unerträglicher. Die Autorin beeindruckt durch ihre ehrliche Lebensschilderung. Doch bei Gott gibt es keine aussichtslosen Situationen.

Weitere Titel aus den Blaukreuz-Verlagen Wuppertal und Bern:

Karl Lask, Der Kuß der Selene
Frauen von Alkoholabhängigen machen Mut
128 Seiten, Illustrationen, DM 16,80/Fr. 16,80

Trotz der Abstinenz des Partners kann es handfeste Probleme in der eigenen Partnerschaft geben. Die ergreifenden Berichte verdeutlichen aus dem persönlichen Erleben, wie diese Nöte überwunden werden können.

Eberhard Rieth, Alkoholkrank?
Eine Einführung in die Probleme des Alkoholismus
172 Seiten, Illustrationen, DM 17,80/Fr. 16,80

Ist Alkoholismus eine Krankheit oder moralisches Versagen? Können Alkoholiker geheilt werden? Können Angehörige oder Helfer zur Heilung des Alkoholikers beitragen? Wie weit ist der süchtige Alkoholiker für seine Handlungen verantwortlich zu machen? – Der Autor zeigt allgemeinverständlich Ursachen, Verlauf und Behandlung des süchtigen Verhaltens auf.

Arline Westmeier, Die verletzte Seele heilen
Gesundung durch Seelsorge
120 Seiten, Illustrationen, DM 14,80/Fr. 14,80

Viele Menschen werden mit ihrer verdrängten Vergangenheit nicht fertig. Ihre inneren Probleme sind aber nur lösbar, wenn sie sich ihnen stellen und sie an Jesus abgeben. Dann erfahren sie konkrete Vergebung und Heilung der verletzten Seele.